Histoire Des Jouets Et Des Jeux D'enfants

Édouard Fournier

Nabu Public Domain Reprints:

You are holding a reproduction of an original work published before 1923 that is in the public domain in the United States of America, and possibly other countries. You may freely copy and distribute this work as no entity (individual or corporate) has a copyright on the body of the work. This book may contain prior copyright references, and library stamps (as most of these works were scanned from library copies). These have been scanned and retained as part of the historical artifact.

This book may have occasional imperfections such as missing or blurred pages, poor pictures, errant marks, etc. that were either part of the original artifact, or were introduced by the scanning process. We believe this work is culturally important, and despite the imperfections, have elected to bring it back into print as part of our continuing commitment to the preservation of printed works worldwide. We appreciate your understanding of the imperfections in the preservation process, and hope you enjoy this valuable book.

LES
JOUETS & LES JEUX
D'ENFANTS

Nevers. — Imprimerie Générale L. Gourdet.

HISTOIRE

DES

JOUETS ET DES JEUX

D'ENFANTS

PAR

EDOUARD FOURNIER

PARIS
E. DENTU, ÉDITEUR
Libraire de la Société des Gens de Lettres
3, PLACE DE VALOIS, PALAIS-ROYAL

1889

Tous droits réservés

GV
1200
.F78

PRÉFACE DE L'ÉDITEUR

Edouard Fournier qui a laissé tant d'ouvrages pleins d'esprit et d'érudition, s'occupait, quand la mort l'a frappé, de rechercher, de rassembler et de retoucher pour la réimpression un grand nombre de savantes dissertations, de spirituelles causeries, de fines et délicates notices, d'excellents morceaux de critiques qu'il avait dispersés çà et là, depuis plus de trente ans, dans les journaux et les revues de Paris et de la Province. Il y ajoutait beaucoup de notes curieuses qu'il retrouvait au fond de ses portefeuilles et qui devaient apporter leur contingent inédit aux recueils destinés à former ses œuvres historiques, archéologiques et littéraires.

C'est un de ces recueils, tout à la fois sérieux et amusant, émaillé d'anecdotes curieuses et piquantes, que nous offrons aux lecteurs qui ont dû déjà tant d'heures délicieuses à l'auteur de *l'Esprit des autres*, de *l'Esprit dans l'histoire* et du *Vieux Neuf*.

Ils y retrouveront la manière et les procédés littéraires qui ont fait le succès de l'intelligent et spirituel savant.

E. DENTU.

PREMIÈRE PARTIE

CHAPITRE Ier

LES JOUETS D'ENFANTS

I

Le règne des enfants a commencé depuis huit jours, et durera bien une quinzaine encore. Chez les Romains, à la même époque, celle de leurs saturnales, c'était un règne momentané d'un tout autre genre: le règne des esclaves; malgré ce qu'il a de despotique, j'aime encore mieux celui-ci. En ce moment tout est aux étrennes et pour les étrennes. C'est partout un tel encombrement de jouets sur les boulevards, dans les rues, dans les maisons, que Paris est devenu vraiment inhabitable pour tout le monde, si ce n'est pour les marmots et pour les marchands.

On a calculé, car la bimbeloterie a aussi ses statistiques, que bon an, mal an, les 3000 ouvriers qui desservent les quatre ou cinq cents fabriques de jouets qui se trouvent à Paris, livrent au monde plus de 6,000,000 de fr. de cette marchandise enfantine. Or, les trois quarts au moins de cette somme sont dépensés pendant les deux ou trois semaines bien heureuses dont la seconde vient de commencer. C'est là, certes, une sorte d'impôt indirect qui a bien son importance, et que, pour peu que l'on sache calculer, on fera toujours bien de compter dans le budget de la famille. Mais de cette contribution imprévue, bien que revenant à jour fixe, fût-elle plus considérable encore, ne nous plaignons pas ; elle aide à faire tant de véritables heureux, et elle donne à vivre à tant de pauvres gens !

Nous fournissons de ces brimborions le monde tout entier. En 1853, l'exportation de nos jouets s'élevait à 875,086 kilogrammes ; et ce chiffre a presque doublé, surtout depuis que le joujou guerrier est devenu à la mode. A Plombières par exemple, et dans le reste des Vosges, on fabrique pour près d'un million de casques, de cuirasses, de fusils, de sabres. Depuis la prise de Sébastopol surtout, ces sortes de jouets font fureur ; les papas de tous les pays ne veulent plus armer leurs fils que d'un petit sabre venu de France. Il semble que pour eux, c'est comme un présage de bravoure. De leur côté, les mamans ne veulent pour leurs filles que des poupées parisiennes ; et il y a déjà bien longtemps qu'il en est ainsi. La mère en effet profite du joujou tout autant que l'enfant : la poupée est toujours coquette, très adroitement parée selon la dernière mode ; il y a dans la coupe de sa robe et de son tablier, dans la manière dont est chiffonnée la dentelle de son bonnet ou dans la disposition des nœuds de ruban de son petit chapeau toute une leçon de bon goût, telle qu'il n'en peut venir que de Paris. Or, la leçon est pour la jeune mère, le jouet est pour l'enfant. Il est reconnu que nos modes ne se répandent pas autrement dans plusieurs parties de l'Europe, et surtout dans la plupart des contrées de l'Amérique.

Des gens au goût difficile et qui voudraient de la perfection en chaque chose, regrettent pourtant que tout le soin soit pour la parure de la poupée, et qu'il n'en reste pas pour la confection de la poupée elle-même. Ils demandent à grands cris l'amélioration de cette pauvre petite race vouée depuis trop longtemps aux membres de carton ou de peau rose gonflée de son, aux yeux d'émail et aux perruques de filasse. On leur donne d'horribles poupards dont les jambes et les bras ne peuvent se mouvoir ; ils demandent de jolies statuettes au regard presque animé, aux formes élégantes et aux souples jointures. La petite fille et le petit garçon prendraient là, disent-ils, une première idée du goût artiste. Jean-Jacques, qui voulait tout au contraire qu'on ne mît aux mains des enfants que des jouets hideux, des figures de monstres, des ogres en diminutif, afin de les aguerrir contre les monstres et les ogres réels, dirait que ces partisans de la *Mégalanthropogénésie* appliquée aux jouets d'enfants n'ont pas le sens commun ; mais ceux-ci en disent autant de son système, et ils ont plus raison que lui.

M. Léon de Laborde est de ceux qui demandent le plus éloquemment l'émancipation de la poupée, trop longtemps garrottée dans ses membres ignobles; enfin, le perfectionnement de tous ces pauvres petits êtres pour lesquels l'industrie française, mère trop peu soigneuse de sa fécondité, ne tient compte que du nombre et point du tout de la beauté.

« Peut-on, écrit-il dans ce beau livre si plein d'idées de tout genre, l'*Union des arts et de l'industrie*, peut-on dire qu'il soit indifférent de mettre des figures disproportionnées, des traits grimaçants, la laideur, enfin, au lieu de la beauté, sous les yeux de ces enfants, dont les fraîches imaginations reflètent avec une facilité merveilleuse les objets les plus fugitifs et qui s'attachent à leurs premiers jouets, avec une passion acharnée, au point de les préférer dans leur état de ruine et d'invalidité, à de nouveaux cadeaux dans leur fraîcheur? Qu'a-t-on fait pour améliorer cette industrie et lui donner une direction utile? Lui a-t-on offert de bons modèles, comme pouvait les créer Pascal, le Michel-Ange des enfants, ou tout autre excellent sculpteur? S'est-on attaché à récompenser les sacrifices faits par quelques industriels dans ce but d'amélioration? Non, on a donné les médailles à celui qui produisait le plus et vendait le meilleur marché. Qu'en est-il résulté? que nous tirons de Nuremberg nos bustes en papier mâché; de

Saxe, nos bustes en porcelaine; de l'Angleterre, nos bustes en cire, et qu'avec ces produits de pacotille nous inondons la France de jouets sans distinction, sans physionomie caractéristique, sans signification. »

Malheureusement, le jouet comme le veut M. de Laborde, serait beaucoup plus cher, plus fragile, et trouverait l'enfant tout aussi peu respectueux. Voilà ce qui ajourne jusqu'à un avenir indéfini toute idée de réforme pour l'amélioration de la poupée.

II

Il n'y a de vrai bonheur, le jour de l'an, que celui des enfants; mais qu'il est court! Le lendemain est déjà un jour malheureux. Les bonbons sont croqués et il n'en reste plus qu'un triste mal au cœur; les livres à images sont déchirés ou tachés d'encre, et les verges ou le pain sec sont là pour vous punir du mauvais usage que les marmots en ont fait ; enfin on a éventré les chevaux de carton, on a décapité les hommes de bois et les poupées, et, désillusion ! l'on s'est aperçu que bêtes et gens n'avaient rien dans le ventre ni dans la tête.

Je ne pleurerai pas sur les hommes de bois, je n'accorderai pas le plus petit regret aux poupées de carton ; c'est une trop laide engeance. Depuis longtemps, je m'étais indigné de la laideur infligée et stéréotypée, pour ainsi dire, par nos fabricants, sur la face de tout ce petit peuple de pacotille, et je ne me suis pas encore aperçu que mon indignation ait porté ses fruits. Les bonshommes ne sont pas moins grossièrement fagotés, et quand ils parlent, ils ont une voix tout aussi fausse ; les poupées n'ont pas gagné non plus le moindre grain de beauté. Que faire ? recommencer mes invectives ? J'ai invoqué, pour donner du poids à mes réclamations, l'autorité de M. Léon de Laborde, l'un des hommes de ce temps-ci qui sont le plus compétents en matière d'art et de goût. Aujourd'hui je me ferai fort de ce qu'a dit sur le même sujet le tant regretté Hippolyte Rigault, dans un article qu'il écrivit, il y a quelques années, tout en songeant à ses chers enfants qui ne le reverraient plus.

« Françaises ou étrangères, disait-il, toutes ces demoiselles les poupées ont leur défaut, et je veux leur dire, avec égard, tout ce que j'ai sur le cœur. Qu'est-ce qu'une poupée, s'il vous plaît ? Ce n'est pas une chose ni un objet, c'est une personne, c'est l'enfant de l'enfant. Celui-ci lui prête par l'imagination la vie, le mouvement, l'action, la responsabilité. Il la gouverne comme il est lui-même gouverné par ses parents, il la punit ou la récompense, l'embrasse, l'exile ou l'emprisonne selon que la poupée a bien ou mal agi ; il lui impose la discipline qu'il subit, et partage avec elle l'éducation qu'il reçoit.

« Rien de meilleur que ces applications spontanées du bien et du mal, rien de plus propre à développer la conscience morale de l'enfant. C'est la moitié de l'éducation de la petite fille, que cette comédie charmante de maternité jouée par elle à son profit. Voilà le sens philosophique de la poupée ; aussi tout ce qui rendra plus facile l'illusion volontaire de l'enfant, tout ce qui donnera plus de fondement à son affection et à son autorité maternelle en faisant de la poupée une personne vraisemblable, tout cela sera un progrès.

« On a imaginé un mécanisme intérieur qui permet aux poupées de parler. On vend des poupées parlantes. J'en ai vu une qui appelle distinctement son *papa*, et qui demande 500 fr. pour cela. C'est payer bien cher un accès de ventriloquie. Je n'attache pas un si grand prix à ce tour de force. L'enfant se charge de faire parler la poupée mieux que tous les mécanismes possibles. L'éducation n'a pas besoin des automates de Vaucanson ; mais ce qui me plairait, ce serait de voir aux poupées un corps moins grossier et moins raide. »

Telles qu'elles sont, nos petites figurines parisiennes sont les citoyennes du monde. Je vous ai dit déjà comment elles sont les messagères de nos modes, non seulement en Europe, mais en Amérique. Je vous donnerai encore de nouvelles preuves de leur vogue même chez les sauvages. C'est par les poupées qu'ils commencent à connaître la civilisation. Voici par exemple ce qu'on lisait dans l'*Echo du Pacifique* du 4 juillet dernier :

« La spéculation la plus profitable n'est pas nécessairement celle qui porte sur les objets de première nécessité. Le luxe, l'agrément, et même le joujou, peuvent revendiquer à bon droit leur part dans les faveurs de la fortune. On nous informe que le genre *poupée* (celle de carton ou de caoutchouc) obtient à Victoria un succès fou. — Avis à cet article de fabrication française.

« Une dame (c'est toujours dans les têtes féminines que poussent les meilleures inspirations) a eu l'heureuse idée de porter à Victoria (Orégon) une aimable enfant de carton, fraîche et mignonne, belle comme le jour, blanche à faire tourner toutes les têtes. Cette fillette enrubannée, vêtue d'une belle robe et d'un beau tablier, fait le bonheur, les délices et le triomphe de la petite fille d'un chef indien, qui l'a payée un prix fabuleux. »

A quoi tient pourtant la popularité d'un peuple ? Si l'on vient vous dire que la France est bien vue dans ces contrées, à quoi le devra-t-elle ? à ses joujoux.

CHAPITRE II

LE MARCHAND DE JOUETS D'ENFANTS

I

Il me serait très facile de faire remonter jusqu'aux anciens la monographie des ingénieuses futilités qui vont m'occuper ; je n'aurais qu'à vouloir pour exhumer des livres et des tombeaux l'histoire toute faite et toute *illustrée* même de ces jouets antiques *(Crepundia)* qui tiennent une si belle place dans quelque dénouement des comédies de Plaute, et que, par un sentiment de piété vraiment touchante, on enterrait toujours avec l'enfant dont la mort avait interrompu les jeux ; mais ce serait refaire un livre écrit depuis longtemps, celui du prince Biscari : *Ragionomento sopra gli antichi ornamenti e tratulli de bambini*, et d'ailleurs, autre inconvénient plus grave, ce serait aussi nous attirer le reproche de prendre le plus long pour arriver au petit négoce des bimbelotiers parisiens. Même à propos des jouets d'enfants, il ne faut pas, quand on écrit, faire l'école buissonnière.

Paris, qui excelle si bien maintenant dans cette industrie enfantine et dans ce commerce, devenus l'un et l'autre, pour lui, une ressource immense, une véritable richesse, ne se préoccupe qu'assez tard des profits considérables qu'on y pouvait amasser, en faisant, comme il s'en avise enfin aujourd'hui, de tous les enfants de l'Europe, voire du monde entier, autant de tributaires pour l'achat de ces petites merveilles à bon marché.

Pendant le moyen âge, il en laissa |le monopole à peu près exclusif aux tabletiers du Limousin, aux rustiques sculpteurs du Jura, et aux mécaniciens primitifs et grossiers du vieux Nuremberg. Des petites flûtes de buis, des sifflets, des billes, des *billards*, longs bâtons propres à jouer au *palmail*, voilà à peu près tout ce que produisait alors l'industrie parisienne, dans un genre de travail qui la montre maintenant plus féconde et plus habile chaque année. Ce qui va surprendre, c'est que le privilège de fabriquer tous ces petits objets avait été donné aux *vanniers*, corporation d'artisans qu'on ne s'attendait pas, certes, à rencontrer en pareille affaire. Nous connaissons des lettres *royaux* datés du 24 juin 1467, en vertu desquels ce privilège se trouve bien et dûment établi. Ces *vanniers-tourneurs*, puisqu'il faut les appeler ainsi, excellaient d'ailleurs dans la fabrication du petit nombre d'objets que les droits trop restreints de leur maîtrise leur avaient réservés. Cet art parisien qui sait toujours où se prendre, qui, de tout temps, a de rien fait des merveilles, avait trouvé moyen déjà de se produire dignement. Pour les meubles et les *jouets* en bois de chêne, *l'article Paris*, comme on dirait dans le français commercial d'aujourd'hui, *de operagio parisiensi*, comme on disait dans le mauvais latin d'alors, était partout remarqué et demandé. En ce genre, malheureusement, l'industrie parisienne s'arrêtait là. On trouvait bien encore, çà et là, dans les rues marchandes, autour des tripots et brelans, quelques *deytiers* (fabricants de dés à jouer) qui travaillaient l'ivoire ou *l'archal* (le laiton), puis, aux environs des églises, des *patenostriers* qui étendaient leur droit de faire des *chapelets* (patenostres) *d'os et de cor*, de *coural* et de *coquille*, jusqu'à tourner et ciseler aussi quelques jouets d'ivoire, et jusqu'à vendre aux nourrices pour leurs nourrissons, de ces hochets faits d'une longue dent de loup dont il est parlé dans la *Vénerie* de du Fouilloux ; mais encore une fois, c'était là tout. Le *bimbelot*, ce jouet type, dont le nom, devenu le mot tout parisien *bibelot*, trouvait son étymologie dans le *bambo* ou *bimbo* italien, était déjà connu à Paris sous toutes ses formes, dans toutes ses variétés ; mais le bimbelotier, artisan ou marchand, qui depuis y a si bien pullulé, n'y existait pas encore au complet.

Si l'on voulait quelque beau jouet fait d'ivoire, ou bien encore de cyprès d'Irlande, bois recherché alors, comme on le voit par l'inventaire de l'évêque de Langres, en 1395, c'est aux artisans de Limoges qu'il fallait s'adresser. Là, bien mieux qu'à Paris, se trouvaient ces bons *pingniers* (fabricants de peignes) et *lanterniers de cor et d'ivoire*, qui, ne s'en tenant pas à ouvrer de merveilleux peignes, tout historiés de fines sculptures et de galantes devises, tournaient avec une dextérité sans pareille les jolis *bilbouquets*, dont la vogue fut si grande à la fin du XVI° siècle, ou bien qui, se prenant à un jeu dont la mode ne cessa jamais, façonnaient de toutes pièces, pour les longs loisirs des rois et des seigneurs, des échiquiers mi-partie d'ivoire et mi-partie d'ébène. Cette supériorité des artisans de Limoges est constatée par les lettres de Charles VI, en date du mois de mai 1407, lettres qui confirment justement *les statuts des merciers de Paris*, et qui, par cet éloge de l'industrie rivale, semblent prendre à tâche d'exciter l'émulation des *peigniers* parisiens. Comme si cette petite leçon ne suffisait pas, on avait voulu y joindre une sorte de punition. Au lieu d'acheter à Paris ce qui était nécessaire pour le jeu du roi, l'on s'était adressé aux marchands limousins. Du moins trouvons-nous cette curieuse mention, dans le compte des dépenses de l'hôtel de Charles VI, année 1385 ; « A Pierre Cardeau, *Limousin*, pour deux tabliers de cipres *(cyprès)* ouvrés et garnis de tables et eschaitz, achetés pour l'ébatement du Roy. »

Tous les jouets d'ivoire qui, au temps des étrennes, s'écoulaient dans le commerce des merciers, *dorelotiers* de Paris, ne venaient pourtant pas de Limoges. Regnault au chapitre XXII de ses *observations sur l'estat et peuple de France*, nous dit qu'il en arrivait beaucoup de l'étranger, et il entend sans doute par là les villages du Jura qui dépendaient alors de la comté de Bourgogne, mais où l'art des tourneurs et des sculpteurs s'évertuait déjà en toutes sortes de petits chefs-d'œuvre pour les bambins de notre noblesse. Quant aux jouets faits en buis, nous étions encore davantage les tributaires de l'industrie de nos voisins. Olivier de Serres ne peut s'empêcher de s'en plaindre, lorsque, dans son *Théâtre d'agriculture* (livre VI, chap. X,) ayant à parler du buis bordant toutes les plates-bandes de nos *jardins bouquetiers*, il vient à faire remarquer le commerce ruineux que nous faisions de ce bois utile avec l'étranger. On nous l'achetait très bon marché, mais on nous le revendait fort cher sous ces formes de jouets que nos ouvriers auraient si bien pu lui donner.

C'est Nuremberg, plus que toute autre ville, qui accaparait ces bénéfices. Là se trouvaient les jouets innombrables qu'enviaient et demandaient à grands cris tous les enfants du monde ; la ville entière en était l'immense bazar. Tout ce que l'art du bimbelotier moderne façonne aujourd'hui de plus imprévu, de plus ingénieux, s'y fabriquait, s'y vendait déjà. L'aptitude native de la race teutone, son génie de la mécanique, cette habileté infuse qui lui est propre, comme l'a si bien remarqué M. Ch. Magnin dans son *Histoire des marionnettes*, trouvait là son application frivole, comme elle avait trouvé son application sérieuse dans la construction de tant d'horloges savantes «qui égayent de leurs sonneries, de leurs évolutions astronomiques et de leurs jacquemards, les façades ou les tours de la plupart des cathédrales et des hôtels de ville de la Hollande, de la Suisse et des bords du Rhin. »

Partout à Nuremberg et dans quelques villes qui, comme Strasbourg, étaient ses rivales en industrie, la mécanique trouvait où se prendre, et, bon gré mal gré, où faire jouer des ressorts. Tout y devenait un jouet, un automate : la statue sainte qu'on plaçait dans l'église, les figurines de patrons ou de patronnes qu'on mettait dans les chapelles pour être adorées à certains jours : « C'est ainsi, dit M. Magnin, qu'à la fin du XVIᵉ siècle on voyait dans la cathédrale de Strasbourg, au bas d'un escalier qui conduisait de la nef aux orgues, un groupe de bois sculpté, représentant Samson monté sur un lion dont il ouvrait la gueule. De chaque côté se tenait une figure de grandeur naturelle : l'une embouchait une trompette, l'autre avait à la main un rouleau pour battre la mesure. » Les ressorts de cette pieuse marionnette s'étaient usés à force de se mouvoir.

Lorsqu'un peuple, emporté par son instinct industriel, trouve ainsi à l'exercer sur des objets qui sont si loin d'en réclamer l'emploi, jugez de ce qu'il doit faire quand il revient aux travaux, son vrai domaine, sa véritable industrie ; jugez aussi de ce qu'on pouvait faire à Nuremberg et à Strasbourg lorsque, ne s'occupant plus de ces jouets naïvement sacrilèges, on revenait simplement à la *bimbeloterie* et à ses chefs-d'œuvre.

J'ai dit que les plus jolis jouets inventés ou plutôt *retrouvés* par le bimbelotier parisien, le plus ingénieux qui soit au monde, avaient été jadis fabriqués à Nuremberg pour amuser l'enfance de nos aïeux, au XV⁰ et au XVI⁰ siècle : Je vais maintenant le prouver, et ce sera facile.

Commençons par un joujou bien allemand, la *toupie d'Allemagne*. Au XVI⁰ siècle, on la connaissait, et elle faisait rage et tapage dans les salles des écoles (1).

Il en venait des cargaisons de Nuremberg, et surtout de Strasbourg, où on lui donnait le nom bizarre d'*Aber-geiss* (chèvre à avoine). Rabelais, qui s'en était amusé comme tout bon gamin de son temps, se ressouvint plus tard du mot et de la chose. Voyant les Allemands devenus le jouet commode de Charles-Quint, et tournant comme toupies à sa volonté, il se mit à dire, dans le *Nouveau prologue* de son livre IV⁰ : « En ce coing sont les Saxons, Esterlins, Ostrogots et Allemans, peuple jadis invinci-

---

(1) Dans un manuscrit de la Bibliothèque Nationale N° 46 fol. 161 recto, on voit un enfant jouant à la toupie avec un fouet. Ce manuscrit qui semble être du XIII⁰ siècle paraît avoir été exécuté en France. — *Francisque Michel*.

ble, maintenant *aber-geiss*, et subjuguez par un petit homme estropié. »

De Nuremberg venaient aussi par ballots ces jouets moqueurs où se retrouve l'esprit de la narquoise Allemagne, « ces petits sauteraux que l'on enferme en une boîte » dit Taboureau dans le XVe de ses *Ectraignes dijonnaises*, et qui se dressent à la grand surprise de celui à qui on les offre et aux grands éclats de rire des autres, sitôt que le couvercle est levé. *Les gentes crecerelles*, qui servaient de signal dans les églises, le jeudi et le vendredi saint, pendant le silence des cloches, et dont sans respect les enfants s'amusaient tout le long de l'année ; les *Moulinets* qui *rourent au vent* étaient aussi des importations nurembergeoises, des *hambourgeries*, comme on appelait toutes les menues marchandises, *clincailleries* et autres que nous tirions de l'Allemagne. Nuremberg a même conservé aujourd'hui encore la supériorité du bon marché et de la bonne marchandise pour la fabrication des petits *moulinets* dont nous venons de parler. C'est un des objets pour lesquels nos ébénistes-bimbelotiers n'ont pas encore pu égaler les Allemands.

M. Natalis Rondot l'avoue avec une sorte de chagrin dans son rapport sur la bimbeloterie à l'exposition de Londres : « ils font, dit-il, moins bien que l'Allemagne et le Jura le *moulin à vent* en bois, mais font mieux le moulin à vent parasol en papier. »

Les jouets que je viens de nommer se trouvent tous décrits et assez délicatement figurés dans un livre fort rare ayant pour titre : *Les trente-six figures contenant tous les jeux qui s'y peurent jamais inventer et représenter pour les enfants tant garsons que filles, etc.;* Paris, 1587, in-8. Ils n'y sont pas seuls : nous y voyons sur l'une des gravures un joujou de prix et très perfectionné. C'est un beau cavalier armé de toutes pièces, avec cuirasse, cuissards, brassards, gantelet, l'épée nue en main, casque en tête, visière levée, si bien que, n'était sa petite taille, on le prendrait pour un vrai preux de chair et d'os. Il est en selle, un mâtin de forte taille très complètement harnaché lui sert de monture. Ce riche jouet, dont semble s'amuser beaucoup l'enfant qui mène en laisse coursier et cavalier, a dû certainement être dessiné d'après quelque modèle venu de Nuremberg, car on y excellait, comme nous le verrons, dans la fabrication du joujou militaire. Du reste nous ne saurions trop le répéter, tout ce qui était jouet de prix, hochet gracieux, s'y faisait à merveille. On n'y travaillait pas seulement pour l'amusement des bambins, mais encore, ce qui étonnera davantage, pour l'ornement des dressoirs — nous dirions aujourdhui des *étagères* — qui se voyaient dans les chambres des châtelaines (1). Lorsque Henri, duc de Leignitz, dont on a publié en Allemagne, il y a quelques années, les pérégrinations aventureuses et quelque peu larronnes, vint rendre visite aux Fugger d'Augsbourg et prendre place à leur table, on lui fit, à la fin du repas, un présent dont toute princesse alors se serait émerveillée, et

---

(1) On voyait aussi des *fripponnes*, nom que l'on donnait à de petites boîtes rondes dans lesquelles se vendait le cotignac d'Orléans. De ce substantif est venu *friponner* qui, dans l'origine, signifiait manger en cachette en dehors de ses repas quelques friandises. « Les femmes, ajoute Furetière, ont toujours dans leurs poches de quoy *friponner*. » — *Francisque Michel*.

qu'une grande dame ne dédaignerait pas aujourd'hui. C'était un petit vaisseau en verre fondu, filé, tordu, portant voiles au vent et tous ses agrès. Il semblait venu en droite ligne du pays des mille et une nuits ; il arrivait de Nuremberg.

Les Arabes d'Espagne avaient fait auparavant des prodiges en ce genre. Il est, entre autres, un de leurs jouets que je ne veux pas oublier, car c'est encore l'un des plus ingénieux que l'on puisse mettre aux mains des enfants. S'il faut en croire un savant article paru en juin 1838 dans le journal de Dublin, *University Magazine*, « ils fabriquaient à l'aide de l'aimant, de petits cygnes dont on dirigeait les mouvements à volonté. »

C'étaient aussi les *bimbelotiers* orientaux qui avaient trouvé le procédé repris par ceux de Nuremberg, puis plus tard par ceux de Paris, et qui consistait à fabriquer toutes sortes de figures, *oyselet* ou *poupées*, avec une sorte de carton-pâte coulé dans des moules : « Estuc d'une paste, dit Philibert Delorme dans son *Traité d'architecture* (livre XI, ch. 5), que vous moulerez sur des creux où il y aura tel devis et ouvrage qu'il vous plaira. Comme, ajoute-t-il, on voit estre faict à plusieurs compositions de senteur, oyselet de Chypre, miroirs venant du Levant et Constantinople, auxquels pays, ainsi que j'ay entendu, ils enrichissent tous les planchers de leurs chambres et cabinets de telles façons et compositions desquelles j'ay veu la manière qui est très aisée, très belle et de petite despense. »

Dans ce que dit ici Philibert deLorme se trouvait pour les *bimbelotiers* parisiens une belle occasion de s'instruire sur les moyens de mouler sans beaucoup de peine et vendre pour presque rien, et avec bénéfice toutefois, des milliers de poupées en carton. Ils ne s'en inquiètent point alors. Le moment n'était pas encore venu où l'on devait songer aux jouets des enfants du peuple, aux joujoux à bon marché. Alors, à Paris, si l'on savait en ce genre fabriquer quelque chose, ce n'étaient que des objets de prix. Le reste était misérable. » De te donner, lisons-nous dans les *Etreines de Gros-Guillaume à Perine* (Paris, 1619, in-8°), de te donner une *pirouette de bois*, un *bilboquet de sureau*, une *poupée de plastre*, un *chifflet* de terre et un *demi-ceint de plomb*, rien du tout de cela, car tu n'es plus un enfant. » Voilà donc le beau partage de l'enfant de l'ouvrier le jour des étrennes, en 1619 : un bilboquet de sureau, une poupée de plâtre qui se cassera la première fois qu'elle tombera par terre ! Depuis l'on a fait des progrès. Le peuple qui travaille a fini par penser à ses enfants ; il fait pour lui de jolis jouets qui ne lui coûtent pas cher. Mais, encore une fois, à la fin du XVI° siècle et au commencement du XVII°, l'artisan de Paris n'avait pas encore pour sa petite famille ce soin et ces prévenances là. Sa grande ambition était de travailler pour les enfants de princes, voire pour des fils de roi. Pour qui, en effet, aurait été fait, sinon pour un de ces marmots privilégiés, ce microscopique jeu de quilles dont a parlé Regnault à l'endroit cité plus haut, et qui eût tenu, selon lui, dans une boule grosse à peine comme un grain de raisin ? Pour qui, encore, cette petite merveille que nous décrit P. Le Loyer ? « Un orfèvre de Paris, dit-il, fit une galère d'argent qui se mouvait d'ellemême sur une table, les forçats ramant dedans. Quand elle estoit au bout de la

1.

table elle tournoit court de l'autre côté ; ce qu'elle faisoit cinq ou six fois. »

A Nuremberg, quoique l'on y travaillât beaucoup, nous l'avons vu, pour les enfants de toutes classes, on y fabriquait aussi fort bien le joujou aristocratique, le jouet de haut prix, comme celui dont nous venons de parler.

Un certain Jean Hautchs ou Jean Haupt, peut-être le même qui mit en faveur les comédies à marionnettes, dont le succès fut si grand en Allemagne vers la moitié du XVIIe siècle, et qui lui auraient dû leur nom *de Haupt actionen*, excellait plus qu'aucun à Nuremberg dans ce genre de mécanique. Il ne s'en était même pas tenu aux jouets d'enfants ; à force de fabriquer de petits chariots faisant leurs évolutions sur une table ronde, il avait fini par s'ingénier de mettre en mouvement, d'après le même système de ressorts, des voitures « qui faisaient deux mille pas en une heure. » Il réussit et fut bientôt imité. Monconys dit avoir vu, en 1663, à Nuremberg, un carrosse de ce genre qui avait été commandé par le roi de Danemarck, « lequel carrosse, lisons-nous dans la deuxième partie du *Journal* de ses voyages, avance, recule et tourne sans chevaux, et fait trois mille pas géométriques en une heure, seulement par des manivelles que tournent deux enfants qui sont dans le corps du carrosse, qui font tourner les roues de derrière, et celui qui est dedans tient un bâton qui fait tourner le dedans du carrosse, où sont attachées les deux petites roues pour braquer à l'endroit qu'il veut (1) ».

Et c'était un simple fabricant de jouets de cette bonne ville de Nuremberg, qui s'ingéniait de ces inventions dont notre siècle lui-même serait fier. Pour qu'on n'en doute pas, Monconys dit avoir vu

(1) A ces petits chefs-d'œuvre on peut comparer la merveille dont fait mention Tallemant des Réaux dans son historiette du grand ministre de Louis XIII. « Le cardinal, dit-il, donna à Mme d'Enghien une petite chambre où il y avait six pouppées, une femme en couche, une nourrice quasy au naturel, en entrant, une garde, une sage-femme et la grand-maman. Mlle de Rambouillet, Mlle de Bouteville et autres, jouaient avec elle.

On déshabilloit et couchoit tous les soirs les pouppées ; on les rhabilloit le lendemain, on les faisoit manger, on leur faisoit prendre médecine. Un jour elle voulut les faire baigner, et l'on eut bien de la peine à l'en empêcher. » — *Francisque Michel*.

dans la même boutique, auprès de petits canons qui portaient à cinq cents pas, toute une armée de cavaliers et de fantassins prêts à entrer en campagne, les uns contre les autres, et qui marchaient et tiraient par ressorts.

C'est pour le Dauphin, fils de Louis XIV, que ce jouet guerroyant avait été fait. Le marchand attendait peut-être pour l'envoyer à Paris que l'heureux marmot eut un peu grandi et qu'il pût s'en servir ; en 1663, il n'avait que deux ans à peine. On lui avait fait d'avance provision d'amusements. La petite armée nurembergeoise fut sans doute bientôt détruite, car à quelques années de là, en 1670, nous trouvons le *dessinateur ordinaire des plaisirs et des ballets du roi*, Henri de Gissey, travaillant à en mettre sur pied une autre, malheureusement plus fragile, et moins faite encore pour affronter les dangers de ces jeux de prince. Elle était en carte, et les fines peintures qui l'ornaient et qui nous la font tant regretter n'étaient guère de nature à la rendre plus invulnérable. M. Anatole de Montaiglon a retrouvé dans les *comptes inédits des dépenses des bâtiments du roi* ce que coûta ce magnifique joujou. Il en résulte que, tant à Gissey qu'aux ouvriers qui l'aidèrent dans ce travail, l'on ne paya pas moins de 28,963 livres, 14 sous. Doublez cette somme pour la ramener au taux de notre monnaie actuelle, et vous aurez de quoi équiper toute une compagnie de vrais soldats.

Voici quelques extraits de ces curieux comptes que nous tirons de l'intéressante étude de M. de Montaiglon sur Henry de Gissey :

« Du 27 septembre. — Au sieur Gissey, pour employer au payement de partie des petites figures de soldats composant une armée de XX escadrons de cavalerie et X bataillons d'infanterie de carte que Sa Majesté a commandé estre faite pour Monseigneur le Dauphin, la somme de . . . . . 6.000 fr.

Du 11 février 1671. — Au sieur Gissey pour parfait remboursement de 28,963 livres 14 sous, à quoy monte la dépense de la petite armée de carte de Monseigneur le Dauphin..... 963 livres 14 sous. »

Quand ces belles troupes eurent encore été mises hors de combat, l'on en revint sans doute, pour l'amusement de Monseigneur, aux soldats plus solides, véritablement armée de réserve, « tant de cavalerie que d'infanterie et les machines de guerre, le tout en argent, » que l'orfèvre du roi, Merlin, avait exécutée, selon dom Calmet, sur les modèles de Chassel de Nancy, afin que le roi, c'était Louis XIV enfant, put apprendre en se jouant le métier de la guerre.

Elle avait tenu bon pendant toute l'enfance très guerroyante du père, elle résista de même à tous les caprices d'amusement du fils. En 1677, elle survivait, elle était sauvée, mais c'était pour périr bientôt après. « Si, écrit M. de Montaiglon, elle avait échappé aux hasards du jeu, plus tard, lorsque le grand roi envoya à la monnaie fondre ses tables, ses guéridons, ses cabinets d'argent massif, la petite armée y aura été avec eux, et les petits soldats d'argent se seront changés en vrais soldats de bataille. »

Mais, c'est assez parler des jouets de grand prix ; entrons plus au vif de notre sujet, la *bimbeloterie* parisienne ; parlons que des jouets à bon marché. Ce sont des prodiges d'un autre genre.

II

Si, au XVI⁰ siècle, le joujou mécanique s'exportait de Nuremberg plus que de toute autre ville, pour s'en aller de là émerveiller grands et petits enfants dans tout le reste de l'Europe, Paris, de son côté, s'était créé, dans l'enfantine industrie, une sorte de monopole, une *spécialité*, comme on dit aujourd'hui, qui avait bien aussi son intérêt et sa valeur. Le goût parfait, la délicatesse de main-d'œuvre, le savoir faire exquis et mignon qui sont restés le grand art de l'ouvrier parisien s'y annonçaient déjà. En attendant mieux, ils s'y jouaient en de très élégantes futilités. On ne s'en tenait pas à ces merveilles minuscules, dont j'ai parlé, et qui servaient de *chefs-d'œuvre* aux habiles de la *rue de la Tabletterie*, lorsqu'ils venaient briguer les honneurs de la maîtrise ; on savait aussi, pour le véritable jouet d'enfant, s'ingénier en toutes sortes de fines inventions et de coquetteries charmantes.

Une chose heureusement trouvée depuis, sans que le reste y ait presque rien perdu, faisait seule défaut alors : c'était le bon marché ; mais comme je l'ai dit, la préoccupation de l'ouvrier n'était pas, ne pouvait pas être là. Sa clientèle, toute composée d'enfants de grands seigneurs, du moins pour la vente de ces joujoux d'exception, n'était pas considérable. Il savait qu'il ne pourrait pas se retirer sur le nombre, il faisait donc payer en conséquence. Ces sortes de jouets n'étaient pas, comme ceux d'aujourd'hui, affaire de pacotille ; on ne les faisait pas, on ne les expédiait pas à la grosse. On les fabriquait sur commande, et comme tels ils étaient façonnés par l'ouvrier, caressés pourrait-on dire, avec le plus grand soin. Il n'y en avait pas un qui n'eût sa petite individualité, qui ne fût une rareté, un objet d'art.

Les poupées de Paris avaient déjà de la célébrité, et elles le devaient à ce que l'ouvrier pouvait y mettre ainsi toute son habileté, pour le modelage du visage, l'expression de la physionomie et le jeu des ressorts ; l'habilleuse, toute sa coquetterie et tout son goût pour la façon de la toilette et l'arrangement de la coiffure ; mais elles le devaient surtout à ce que leur cité natale était déjà la plus renommée de toutes pour les choses de la mode.

La ville qui donne le ton pour la coquetterie, et vers laquelle sont toujours tournés les yeux et les désirs des femmes du reste du monde, doit aussi, c'est infaillible, être la plus fameuse auprès des petites filles pour la fabrication des belles poupées. Ce sont deux renommées tout à fait sœurs, deux industries qui ne peuvent aller l'une sans l'autre, et comme nous le prouverons même, beaucoup plus étroitement unies qu'on ne pourrait le penser d'après ces simples mots. Sachant qu'à l'époque dont nous parlons, Paris avait déjà une réputation très bien établie et des mieux méritées pour la bonne façon qu'on y donnait aux robes, pour l'art exquis avec lequel s'y étaient perfectionnées les parures importées d'Italie, je n'ai donc pas été étonné d'apprendre que les poupées de ces *bimbelotiers* faisaient partout l'envie et la joie des petites filles, aussi bien que ses modes l'ambition et le bonheur des dames.

La meilleure preuve que les chefs-d'œuvre de nos *poupetiers* étaient en tout pays connus et demandés, c'est qu'en Bavière même, à Munich, à deux pas de Nuremberg, l'eldorado du jouet d'enfant, on faisait le plus aimable accueil à ces petites émigrées de la bimbeloterie parisienne. En 1571, la duchesse de Bavière accouche d'une fille ; madame Claude de France, duchesse de Lorraine, qui est une de ses bonnes amies, veut faire à la petite princesse un présent qui puisse agréer à la mère, et aussitôt elle pense à quelques belles poupées de Paris, bien *attifées*, selon la dernière mode. En attendant que la petite fille puisse s'en amuser, la mère, qu'elles édifieront sur les parures nouvelles, y prendra plaisir et agréable enseignement. Madame Claude écrit donc à cet effet à F. Hottmann : « Elle vous prie, est-il dit dans la lettre, de lui envoyer des pouppées non trop grandes, et jusques à quatre et six, des mieux abillées que vous pourrez trouver, pour envoyer à l'enfant (qui est une fille) de Madame la duchesse de Bavière, accouchée puis n'aguères. »

Il est évident qu'ici, encore une fois,

le présent est pour la mère bien mieux que pour l'enfant. Depuis le XIVe siècle jusqu'au XVIIIe, il arriva souvent qu'on s'en fit, du même genre à peu près, entre princesses et dames à la mode, habitant des contrées différentes ; mais c'était alors d'une façon plus directe, plus régulière, et sans qu'il fût besoin de recourir au prétexte d'un présent de naissance, comme ici, ou bien d'un cadeau d'étrennes.

Une poupée, non plus poupée de petite fille, mais poupée de belle et bonne taille, poupée bien élevée, majeure, sachant son monde, était expédiée en grande toilette, de la ville dont les modes faisaient loi — or, l'envoi venait toujours de Paris — vers les cités moins privilégiées, mais non moins peuplées de coquettes, où l'on avait hâte de s'initier complètement aux nouveautés de la toilette et de savoir le dernier mot de la mode courante.

Dès l'année 1391, nous trouvons dans les *comptes royaux*, si curieusement analysés par M. L. de Laborde dans le *Glossaire de son catalogue des émaux du Louvre*, la somme de 459 livres 16 sols donnée à Robert de

Varennes, brodeur et valet de chambre du roi, « pour pouppées et mainages d'icelles pour la royne d'Angleterre. » Et il s'agit évidemment d'un envoi semblable à celui dont nous parlions. Peut-être seulement, ce qui n'eût pas été un perfectionnement sans importance, les poupées dont il est parlé étaient-elles tout à fait de la taille de la reine à laquelle on les adressait, de telle sorte qu'après avoir jugé sur elles de l'effet de la toilette, elle pût aussitôt s'en parer. En 1496, nouvelle mention dans les *comptes royaux* pour une expédition du même genre à peu près. Il s'agit d'une somme que touche encore un ouvrier « pour avoir fait faire et refaire par deux fois, par l'ordonnance et commandement d'icelle dame (la royne) une grande poupée pour l'envoyer à la royne d'Espagne. »

Au XVII° siècle, ces ambassades des poupées parisiennes, allant en plénipotentiaires de la mode imposer leurs lois de par le monde, se préparent avec plus de solennité, s'exécutent avec un plus grand appareil. Leur mission se discute en congrès, rien ne se fait à l'étourdie, chaque détail de la toilette est étudié, pesé, autorisé, et elles ne partent qu'avec la sanction unanime de ce synode de la coquetterie. Une seule poupée ne suffit plus alors, on lui en adjoint une autre, plus modeste, qui fera loi pour le *déshabillé*, comme la première pour la grande toilette. Celle-ci s'appelle *la grande Pandore*, la seconde la *petite Pandore*. Ce sont les précieuses de la société de Mlle de Scudéry qui prennent soin de leur ajustement, et d'ordinaire, c'est dans le salon même de la grande précieuse, le samedi, jour des *petites assemblées*, que l'on procède à la toilette sacramentelle.

Furetière, dans son *Roman bourgeois*, a parlé « de ces figures vestues selon la dernière mode, qu'on envoyait, dit-il, dans les provinces, » et dans les pays étrangers, aurait-il dû ajouter, car nous savons par une très curieuse anecdote qu'on les expédiait jusqu'en Angleterre, et qu'il n'y avait rien qui pût faire obstacle à leur voyage.

« On assure, lisons-nous dans les *Souvenirs d'un homme du monde*, que pendant la guerre la plus sanglante, entre la France et l'Angleterre, du temps d'Addison, qui en a fait la remarque, ainsi que M. l'abbé Prévost, par une galanterie qui n'est pas indigne de tenir place dans l'histoire, les ministres des deux cours de Versailles et de Saint-James accordaient en faveur des Dames un passeport inviolable à la grande poupée, qui était une figure d'albâtre, de trois ou quatre pieds de hauteur, vêtue et coiffée, suivant les modes les plus récentes, pour servir de modèle aux dames du pays. Ainsi, au milieu des hostilités furieuses qui s'exerçaient de part et d'autre, cette poupée était la seule chose qui fut respectée par les armes. »

Je n'aurais pas aussi longuement parlé de ces poupées voyageuses, si le rôle qu'elles jouaient avec une importance et une solennité, pour ainsi dire officielles, n'avait été repris et tenu encore d'une façon plus humble sans doute, mais plus décisive aussi et plus multiple, par ces myriades de fines et lestes poupées dont les migrations commencent avec chaque nouvelle année et qui s'en vont de par les deux mondes continuer et même étendre encore la popularité de nos modes. Ce sont de vraies Parisiennes qui arrivent, on le sait, et vite on se met à les imiter et à se faire belles comme elles. Rien de plus exact que toute leur toilette. Si c'est une poupée du peuple, toute accorte et proprette, la pauvre fille des mains de laquelle elle sort l'a faite et habillée à son image ; si c'est une poupée grande dame, elle l'a parée comme elle voudrait l'être.

« Les ouvrières parisiennes, dit M. Natalis Rondot dans son excellent *Rapport sur l'exposition de 1849*, n'ont pas de rivales pour l'habillement de la poupée : elles savent, avec une prestesse et une habileté merveilleuses, tirer parti des moindres morceaux d'étoffe pour créer une toilette élégante. Le *mantelet*, la *casarecka* et la robe d'une poupée d'un franc sont la reproduction fidèle et correcte des modes nouvelles ; et dans ces costumes chiffonnés avec tant de coquetterie, l'habilleuse ne se montre pas seulement excellente lingère, couturière ou modiste ; elle fait preuve en même temps de goût dans le choix des tissus et le contraste des couleurs. Aussi la poupée est-elle expédiée dans les départements et souvent à l'étranger, comme patron des modes ;

elle est même devenue un accessoire indispensable de toute exportation de nouveautés confectionnées, et il est arrivé que, faute d'une poupée, des négociants ont compromis le placement de leurs envois. Les premiers mantelets vendus dans l'Inde furent d'abord portés sur la tête, en mantille, par les dames de Calcutta ; la poupée modèle arriva enfin et l'erreur fut reconnue. »

Et c'est la petite poupée ordinaire, la poupée d'un franc, comme vous l'a dit M. Rondot, qui s'en va ainsi dans le monde entier faire la dame à la mode, et dire aux coquettes des deux hémisphères : « Regardez, je suis une Parisienne ; si vous voulez être belle, soyez comme moi ! » Au XVIII° siècle, il eût été impossible qu'il en fût ainsi. Ces pauvres petites poupées à bon marché, si pimpantes aujourd'hui, étaient alors si grossièrement faites et si mal attifées ! On les fabriquait, dit Richelet, avec de « gros drapeaux et du blanc d'Espagne. »

Depuis le temps de François Ier, on n'avait rien fait pour les embellir et les civiliser un peu. Le poupetier s'en tenait toujours à cet affreux mélange « de terre, papier et plâtre, » dont il est parlé dans un compte de 1540, et le même qui lui servait, en guise de carton-pierre, pour les ornements des corniches et des plafonds. Pour lui, le conseil de Philibert Delorme, qui eût introduit dans la confection des poupées françaises la délicatesse de pâte, la souplesse de forme admirée alors dans certains jouets orientaux, avait été non avenu. Quelle figure eût faite cette poupée primitive, ce *baby* avorton, si l'on se fût mis à l'envoyer courir le monde ! aussi s'en gardait-on bien. On ne permettait l'émigration qu'aux poupées de choix, aux poupées aristocratiques, comme celles dont Claude de France envoyait toute une compagnie à la petite princesse bavaroise ; et surtout aussi à ces poupées de mode, dont je vous ai dit l'histoire. Celles-ci étaient les grandes voyageuses ; et, à cet égard, il se faut bien garder de les confondre avec les autres, comme on l'a fait quelquefois. Quand Savary nous parle, dans son *Dictionnaire de commerce*, paru en 1723, de « ces belles poupées qu'on envoie toutes coiffées et richement habillées, dans les cours étrangères, pour y porter les modes françaises des habits ; » quand vous lisez dans la relation du voyage que Deisbeck fit en Allemagne, et notamment à Vienne, en 1788 : « On suit généralement ici les modes françaises ; on fait venir des poupées de Paris, afin que les dames puissent en faire imiter les costumes par leurs modistes ; » voyez là, non point, ainsi qu'on l'a écrit quelque part, de simples poupées de petites filles, se grandissant, se faisant assez belles pour être bienvenues chez des princesses et pour s'y faire admirer en despotes de la coquetterie, mais au contraire, des poupées ayant mission spéciale, comme la grande et la petite Pandore, dont elles ont repris le galant héritage, ou comme cette belle figure d'albâtre que nous ont fait connaître Addison et l'abbé Prévost.

Ce serait faire beaucoup trop d'honneur à la bimbeloterie parisienne, au temps de Louis XIV et de Louis XV, que d'attribuer cette influence cosmopolite à ses produits ordinaires, et que de croire déjà possible alors ce qui l'est si bien devenu aujourd'hui. Une chose nuisit beaucoup aux progrès que cette gracieuse industrie pouvait faire dès cette époque, et auxquels elle est parvenue depuis, c'est le manque d'ouvriers et de marchands qui en fissent un métier et un négoce exclusifs ; c'est enfin, pour la fabrication comme pour la vente, l'absence de *spécialité*. *Le jouet d'enfant* ne constituait pas alors une industrie et un commerce bien à part, bien classé. Il n'était que le détail, et non pas, comme aujourd'hui, le fond d'un métier. On ne pouvait donc pas arriver, par une habitude constante et exclusive du même travail, à cette facilité de main-d'œuvre qui entre pour une si grande part dans la prestesse et l'habileté de fabrication, et entre autres économies, à cette épargne de temps qui ne s'obtient que pour les ouvrages dont on se fait une occupation quotidienne, et qui, après avoir contribué à multiplier promptement le nombre des produits, devient par suite une raison de leur bon marché.

Nous avons vu tout à l'heure que le *poupetier* lui-même ne s'en tenait pas à la fabrication du jouet auquel son métier devait son nom. Plutôt que de tâcher de l'améliorer pour en vivre, il lui cherchait d'autres ressources tout à fait étrangères. Il allait, par exemple modeler dans les palais royaux ou dans les hôtels ces ornements de plafond ou de corniches dont nous vous avons parlé. De même pour tout le reste du commerce et de l'industrie des jouets d'enfants. Point d'ouvriers, point de marchands vraiment spéciaux, et par conséquent, point d'habileté dans la fabrication, point de bon marché dans la vente. Le *Dictionnaire des arts et métiers* de 1766 contient un article *Bimbelot*, et peut-être pensez-vous que c'est du commerce du bimbelotier qu'il va nous parler. Point du tout, à peine le nomme-t-il, tant il existe peu alors, tant il est absorbé, étouffé par d'autres plus considérables, qui, à l'aide ce cette concurrence inégale, tuent le petit marchand, mais sans rien faire pour le perfectionnement de l'objet vendu : « Il y a deux sortes de *bimbelots*, y est-il dit, les uns qui consistent en petits ouvrages fondus d'un étain de bas aloi ou de plomb, telles sont toutes les petites pièces qu'on appelle *ménages d'enfants*. Les autres consistent dans toutes ces bagatelles, tant en bois qu'en linges, étoffes, et autres matières, dont on fait des jouets, comme *poupées*, *carrosses*. Ce sont les merciers qui font commerce de ces derniers *bimbelots* ; les maîtres *miroitiers*, *lunetiers*, *bimbelotiers*, font le trafic des autres. »

Le jouet d'enfant, perdu comme détail dans l'immense commerce du *mercier*, ou bien délaissé dans un coin de boutique du *miroitier* ou du *lunetier*, où l'on s'attendait si peu à l'aller chercher, ne pouvait certainement pas être très prospère. Il eût fallu pouvoir s'en occuper, et l'on avait vraiment bien autre chose à faire, principalement chez le mercier. Pour tout le reste de son commerce, si compliqué de minuties, il s'ingéniait, il innovait de bon cœur ; mais pour le jouet d'enfant, qu'il semblait regarder comme un intrus chez lui, il ne tentait rien. Du moins cela me paraît-il évident, d'après les éloges adressés alors à tous les produits de la mercerie française, à l'exception justement du pauvre jouet dédaigné. Le mercier l'avait oublié dans les améliorations de son commerce, on l'oubliait aussi dans le panégyrique.

Lorsque, dans une délibération de la chambre de commerce de Lyon du 11 avril 1711, nous voyons toutes sortes de paroles flatteuses à l'adresse de ces menus objets, de ces *gentillesses* auxquelles s'évertue toujours sans jamais s'épuiser le génie industrieux des Français, et qui suffisent à faire vivre « plus de cinquante familles, ou, pour mieux dire, la moitié de Paris, » soyez sûrs que les jouets d'enfants ne sont là pour presque rien. C'est de la bijouterie qu'il est question, bijouterie fine et merveilleusement travaillée, dont le *Petit Dunkerque*, à la descente du Pont-Neuf, est alors le bazar le plus visité ; bijouterie fausse, mais d'un charmant travail aussi, et qui lui doit de se vendre assez cher. Il s'agit encore de la mercerie proprement dite, qui par l'ingénieuse variété de son assortiment, met au désespoir tous ceux qui savent ce qu'on y trouve, mais qui, loin de Paris, ne peuvent s'y aller fournir. Voltaire était de ceux-là. Bien qu'à Ferney il fût assez voisin de deux grandes villes, bien munies de confortable, Genève et Lyon, il lui arrivait souvent d'avoir à désirer ce que le mercier du Pont Notre-Dame inventait de petites nouveautés utiles. Nous connaissons de lui à ce sujet, une lettre très curieuse qu'il écrivit en 1766 au marquis de

Villette : « J'ai, lui dit-il, une plaisante grâce à vous demander, monsieur ; je remarquai, lorsque vous me faisiez l'honneur d'être dans mon taudis, que vous ne soumettiez jamais votre joli visage à la savonnette et au rasoir d'un valet de chambre, qui vient vous pincer le nez et vous échauder le menton. Vous vous serviez de petites pinces fort commodes, assez larges, armées d'un petit biseau qui embrasse la racine du poil sans mordre la peau. J'en use comme vous, quoiqu'il y ait une prodigieuse différence entre votre visage et le mien ; mais il faut que cet art soit bien peu en vogue, puisque je n'ai pu trouver ni à Genève ni à Lyon, une seule pince supportable. Il n'y en a pas plus que de bons livres nouveaux. Je vous demande en grâce de vouloir bien ordonner à un de vos gens de m'acheter une demi-douzaine de pinces semblables aux vôtres.

« Il est vrai que voilà une commission bien ridicule. J'aimerais mieux pincer tous les mauvais poëtes, tous les calomniateurs, tous les envieux, que de me pincer les joues. Mais enfin, j'en suis réduit là. Je suis comme les habitants de nos colonies, qui ne savent plus comment faire quand ils attendent de Paris des aiguilles et des peignes. »

Si Voltaire eût vécu de notre temps et qu'il eût connu les particularités rappelées plus haut, il n'eût certainement pas oublié la poupée parisienne dans cette dernière phrase ; mais elle n'était pas encore à son époque une messagère de civilisation.

III

Vers la fin du règne de Louis XIV, il s'en fallut de peu qu'on ne fît faire un progrès décisif à la fabrication des poupées, et que ces pauvres petites, à peine dégrossies jusque-là par le maladroit bimbelotier, ne devinssent enfin de fidèles imitations des grandes dames de la cour, dignes de peupler un Marly ou un Versailles lilliputien. On se mit alors, en effet, à mouler en cire avec beaucoup d'art de charmantes figures qui, un peu consolidées, se fussent facilement transformées en fines poupées, à la physionomie vive et parlante. L'idée vint presque aussitôt d'en faire des jouets, d'un grand prix d'abord, mais qui peu à peu auraient pu, en se multipliant, se populariser, et, pour la grande joie des enfants, pour les plus grands profits des bimbelotiers, se faire accessibles à toutes les fortunes. Malheureusement l'idée ne tint pas ; au lieu de l'exploiter innocemment en ces même jouets, on la fit tourner au sérieux et un peu au scandale, comme nous le verrons. Le seul *joujou* pour lequel cette invention nous semble avoir été mise en œuvre fut celui qui fut donné en présent d'étrennes au petit duc du Maine, en 1675. C'était un brillant cadeau, comme vous allez voir ; peut-être même comprendrez-vous, en admirant ce qu'il avait de merveilleuse perfection, qu'on pût tout d'abord désespérer de l'imiter et de le reproduire, ne fût-ce qu'en partie. L'invention perdit ce qu'elle pouvait avoir d'avenir comme jouet et futilité à s'être fait connaître d'abord par un objet de si grand prix, par un chef-d'œuvre : « En 1675, lisons-nous dans le *Ménagiana*, Mme de Thianges donna en étrennes une chambre toute dorée, grande comme une table, à M. le duc du Maine. Au-dessus de la porte, il y avait en grosses lettres : Chambre du Sublime. Au dedans, un lit et un balustre avec un grand fauteuil, dans lequel était assis M. le duc du Maine *fait en cire* fort ressemblant. Auprès de lui, M. de la Rochefoucauld, auquel il donnait des vers pour les examiner. Autour du fauteuil, M. de Marcillac et M. Bossuet, alors évêque de Condom. A l'autre bout de l'alcôve, Mme de Thianges et Mme de Lafayette lisaient des vers ensemble. Au dehors du balustre, Despréaux, avec une fourche, empêchait sept ou huit méchants poëtes d'approcher; Racine était auprès de Despréaux, et un peu plus loin La Fontaine, auquel il faisait signe d'avancer. Toutes ces figures étaient de cire en petit, et chacun de ceux qu'elles représentaient avait donné la sienne. »

Cette facilité de faire en cire des portraits du genre de ceux-ci, sans qu'il fût même besoin de laisser aux personnages la taille minuscule qu'ils avaient dans cette *chambre du Sublime,* fut ce qui détourna l'invention de son premier but, et la tua, comme fabrication de jouets d'enfants, au profit d'une plus sérieuse, mais aussi moins durable. La mode fut toute alors aux portraits de cire. Il y eut nombre de modeleurs et de peintres qui n'en firent plus d'autres. Un livre singulier, paru en 1670 sous ce titre : la *Toilette galante*, nous parle d'un de ces artistes qui s'était ainsi rendu fameux dans tout Paris.

Des portraits en pied ou en buste, on en vint ensuite aux simples masques, et c'est alors que le scandale commença. Quand la vogue des bals masqués se mit à faire rage, dans les premiers temps de la régence, on s'avisa de faire modeler à la ressemblance de telles ou telles personnes, hommes ou femmes, mais toutes de la cour et du plus grand monde, des masques de cire d'une fidélité parfaite. On s'en mettait un sur la figure, comme un double visage ; sur le tout on posait le demi-loup de satin ou de velours au bavolet flottant ; puis on endossait le domino mystérieux, et l'on s'en allait au plus épais du bal. Là tout d'abord on choisissait pour l'intriguer au vif et le turlupiner jusqu'au sang, quelqu'un dont on savait les plus secrètes aventures. On n'y épargnait rien, pas même de ces mots dont l'indépendance du masque ne peut faire pardonner la franchise outrageante. Lorsque le patient était bien mis hors des gonds, l'on s'éloignait ; mais auparavant, qu'il vous en eût ou non sommé, l'on avait eu soin de lever à demi le loup de velours pour laisser perfidement entrevoir ce portrait de cire, qui n'était lui-même qu'un second masque. L'insulté trompé par la ressemblance s'en allait dès le lendemain chercher querelle et demander raison à celui qu'elle avait trahi. Il n'y comprenait rien, mais ne s'en battait pas moins. — Lemontey, dans son *Histoire de la Régence*, a parlé des duels très sérieux qui furent souvent la suite de ces coupables plaisanteries, et il a déploré la facilité qu'on y trouvait quand on voulait se venger gratuitement de deux hommes à la fois. — Bien que cette anecdote soit curieuse, je n'en eusse point parlé, si les *masques* ne faisaient partie du commerce des *bimbelotiers*.

Ce fut un certain Benoît qui excella le plus dans la confection de ces figures de cire, simples masques, portraits entiers, ou même représentations complètes de personnages. Ces dernières étaient modelées en petit, à ce qu'il paraît ; car La Bruyère, qui désigne Benoît par son initiale au chapitre XXI du livre sur *les*

Jugements, appelle *marionnette*s les figures dont il avait peuplé tout un petit salon ou *cercle*, comme il dit encore, et qu'il s'enrichissait à montrer. M™ de Sévigné nous a aussi parlé de ce Curtius anticipé. En 1727, il vivait toujours, car il est question de lui, sous cette date, dans le *Séjour à Paris* de M. de Nemeitz : « Benoît, y est-il dit (page 368-369) habile peintre et incomparable ouvrier en cire, fait des ouvrages qui approchent fort du naturel. Il a un grand nombre de personnes de la cour du premier rang faites en cire, et il a été exprès en Angleterre pour contrefaire aussi la famille royale de ce temps-là. ».

Pendant ce voyage à Londres, Benoît et ses figures durent certainement avoir un certain succès de curiosité ; et comme, chez les Anglais, l'on ne s'en tient pas d'ordinaire à une simple satisfaction admiratrice, même pour les choses les plus futiles ; comme, au contraire, l'on s'ingénie presque aussitôt de les ramener, de frivoles qu'elles sont, à une utilité plus pratique et plus commerciale, peut-être faut-il attribuer à la visite que fit en Angleterre le célèbre *montreur* de figures l'extension qu'y prit, dès cette époque, la fabrication des poupées de cire. Les Anglais auraient ainsi très heureusement ramassé une idée que nous avions maladroitement laissée se perdre chez nous en futilités et en scandales. Ce qui est certain, c'est que depuis lors nous avons été les tributaires des fabricants de Londres et de Birmingham pour ces poupées perfectionnées, dont il se pourrait cependant que nous leur eussions envoyé ainsi les premiers modèles.

Jusqu'à ces derniers temps, nos bimbelotiers, malgré tous leurs efforts et leur intelligence, n'avaient pu arriver à la délicatesse fine et mignonne des poupées anglaises, à visage et buste de cire ; quand on leur demandait par *commande* quelque jolie dame, quelque belle princesse, dont leurs *habilleuses* avaient d'avance préparé le splendide trousseau ; leurs ouvriers en cheveux, frisé la coiffure ; leurs tourneurs, agencé, poli, arrondi le corps et les membres, il leur fallait, pour se fournir d'une jolie tête à l'avenant, s'adresser à la *bimbeloterie* de Londres. Enfin, vers 1849, cette inégalité de création sembla disparaître à peu près, à la grande gloire de nos artistes en poupées. Celles qui sortirent de leurs mains ne durent plus rien à l'industrie étrangère. Elles furent françaises de la tête aux pieds. Elles luttèrent même à beauté égale, sinon supérieure, avec leurs rivales britanniques, « le buste en cire, écrivit alors M. N. Rondot, dans son *rapport*, a pendant longtemps été tiré d'Angleterre ; celui que l'on fait aujourd'hui à Paris a moins de mignardise, mais plus de vérité dans le modèle. »

Malheureusement, cela ne dura guère. Soit que nos ouvriers se fussent lassés bien vite dans cet effort de création charmante, de *callipédie*, pourrait-on dire ; soit plutôt que les *bimbelotiers* anglais, se piquant d'honneur, eussent tout essayé pour reprendre l'avantage, c'est à ceux-ci que revint la supériorité. A l'exposition de Londres, ils l'avaient plus brillante que jamais. La poupée au *corps gent* pouvait bien être une Française ; mais la poupée au buste élégant, au joli visage, *mulier formosa superne*, était certainement une Anglaise. Les nôtres ne luttaient sans trop de désavantage avec celles-ci, qu'à la condition de s'être prudemment fournies, à Londres même, d'une tête d'emprunt, ou bien qu'en raison du frais visage de porcelaine fabriqué pour elle à Cobourg ou à Sonnenberg ; car, il faut bien le dire, c'est toujours par là que pèchent les poupées parisiennes : qu'elles soient grisettes ou grandes dames, la tête qu'elles portent doit être d'exportation. Pour celles-là, sinon l'on serait obligé de les vendre trop cher, il faut tout simplement une de ces têtes de *papier mâché* à 23 centimes la douzaine, qui ne se *moulent* et ne se *colorient* bien qu'en Saxe ; pour celles-ci, à moins qu'on ne les gratifie, ce qui est beaucoup trop cher, d'un buste entier de porcelaine fait à Paris, et dont la douzaine ne coûte pas moins de 21 fr., il faut revenir au buste de cire des poupées anglaises, ou bien à la tête de porcelaine des poupées autrichiennes et bavaroises. M. Natalis Rondot, qu'il nous faut toujours invoquer sous peine de n'être pas exact, va vous expliquer, dans son *Rapport sur les objets de parure, de fantaisie et de goût à l'exposition de Londres*, comment la poupée française ne porte jamais un buste qui lui appartienne.

« La plupart des bustes de poupées, dit donc M. Rondot, sont faits de papier mâché. C'est la Saxe qui les fournit, et c'est d'Angleterre que nous tirons les bustes de cire. On a imaginé de faire en France des bustes de porcelaine ; mais cette fabrication, négligée chez nous, a été introduite en Bavière, en Prusse et en Autriche ; elle a acquis un certain développement à Cobourg, Sonnenberg et Nuremberg. Les bustes qui viennent de ces fabriques sont assez bien exécutés ; la partie postérieure de la tête est coupée ; car cette porcelaine devant payer à l'entrée 3 fr. 80 c. par kilogramme, on est obligé de diminuer le plus possible le poids de ces objets. Les bustes n° 4 coûtent à Cobourg 10 fr. la douzaine, et la douzaine pèse à peu près 2 kilogr. Les frais de transport sont environ de 3 fr. par douzaine. En France, les bons peintres sur porcelaine croiraient déroger en peignant des têtes de poupées, de sorte qu'on est obligé d'employer celles de Cobourg et de Sonnenberg, qui supportent un droit de douane de 7 o/o. »

En Angleterre, où l'on sait le mouler si délicatement, le buste en cire ne s'est pas pour cela popularisé plus que chez nous dans le monde des poupées. N'en a pas qui veut, c'est un privilège d'aristocratie. Les membres de bois, de toile ou de cuir bourrés de son et de sciure de bois, sont, comme chez nous, pour les poupées de la roture et du commun. Ch. Dickens, dans son joli conte *le Grillon du Foyer*, où il met en scène un fabricant et un marchand de jouets d'enfants, Caleb Plumer et Tackleton, fait à ce sujet de très sérieuses réflexions sur l'inégalité des conditions, plus impitoyable encore chez les poupées que chez les hommes. Il nous montre donc d'abord, dans le logement de Caleb, entassées pêle-mêle « des maisons, les unes commencées, les autres achevées, pour des poupées de toutes les situations dans la vie. Petits logements de la banlieue pour les poupées à fortune limitée; habitations d'une seule pièce avec cuisine pour les poupées de la dernière classe ; somptueuses maisons de ville pour les poupées de grands revenus. » Puis il continue : « La noblesse, la haute bourgeoisie et le public en général, pour la convenance desquels ces habitations étaient préparées, étaient encaissées par ci par là dans des paniers, regardant le plafond avec de grands yeux ; mais en marquant leur degré sur l'échelle sociale, et en assignant à chacun la place qu'il devait occuper (chose dont l'expérience nous démontre la triste difficulté dans la vie réelle), les faiseurs de ces poupées étaient allés considérablement plus loin que dame nature, car ils ne s'étaient point contentés de distinctions aussi arbitraires que celles que peuvent établir entre les individus le satin, l'indienne ou les haillons ; ils avaient ajouté des différences personnelles qui empêchaient à cet égard toute méprise. Ainsi la poupée de distinction avait ses membres de cire d'une parfaite symétrie ; c'était son privilège et celui des personnes de son rang ; au degré immédiatement au-dessous était réservé le cuir ; au degré suivant, une sorte de toile grossière. Quant aux gens du peuple, ils n'avaient, en fait de bras et de jambes, que de simples morceaux de bois d'allumettes, et ils se trouvaient une fois pour toutes consignés dans leur sphère, de manière à perdre à jamais l'espoir d'en sortir. »

Dans cette description de l'atelier du fabricant de jouets Caleb, la plus curieuse que je sache en ce genre, Ch. Dickens nous montre encore toutes sortes de joujoux fantastiques, *des cerfs-volants vampires*, *des bateleurs démoniaques* qui ne se reposent jamais, des chevaux de toute espèce jusqu'au cheval à bascule du plus pur sang ; une quantité de petits violons, de tambours et autres instruments de torture, dit-il avec son *humour* ordinaire ; puis des vingtaines de petites charrettes mélancoliques, qui, lorsque les roues tournaient, rendaient les sons les plus plaintifs. Ce qu'on y trouvait surtout, c'étaient des *arches de Noé* dans lesquelles les oiseaux et les animaux étaient étroitement empilés. « Par une licence des plus hardies, dit-il, la plupart de ces arches de Noé avaient des marteaux sur leurs portes, objets superflus peut-être si l'on n'avait eu en vue que des visiteurs du matin ou le facteur de la poste, mais admirablement conçus comme ornements extérieurs de l'édifice. (1) »

(1) Dickens a omis dans la liste des jouets d'enfants le flageolet de fer blanc dont les petits Anglais paraissent s'amuser considérablement jusque dans les rues de Londres, et d'ailleurs il en était de même chez les femmes au XVIIe siècle. Un voleur de grand chemin, Duval, ayant arrêté une voiture où se trouvait un chevalier et

Malgré ce détail, il paraît que Maître Caleb était dans son métier très ingénieux et très chercheur : « Madame, dit-il un soir à mistress Peerrybingle, auriez-vous la bonté de me laisser pincer la queue de Boxer, rien que pour une demi-minute ?

— Quelle question, Caleb !

— Mais non, reprit le petit homme ; peut-être l'expérience ne plairait pas trop à Boxer. C'est que, voyez-vous, il m'est venu des ordres pour les *chiens qui aboient*, et je voudrais imiter la nature le mieux qu'il est possible de le faire pour six pence. »

Ceci, sans qu'il y paraisse, est un trait de la vie du marchand de jouets d'enfants pris sur le fait avec un fort grand tact, et qui n'est pas moins vrai à Paris qu'en Angleterre. Tout ouvrier en bim-

---

sa femme, celle-ci tira un flageolet de sa poche et se mit à en jouer pour faire montre de sang-froid. Voyez les mémoires de Monsieur Duval, imprimés en 1670, in-4°, et dans le 3ᵉ vol. du grand recueil connu sous le titre de *Harleian Miscellany*. Sir Samuel Popys, qui rédigeait son journal vers le même temps, y mentionne aussi la faveur des dames anglaises pour le flageolet. *(Diary*, vol. III, p. 76). — *Francisque Michel.*

beloterie, si les animaux sont dans sa *spécialité*, fait chaque jour comme Caleb Plummer. Il se fait créateur, et il étudie la création au risque même de tourmenter la créature : « Il est difficile, dit M. Rondot, de se faire une idée de l'intelligence et même, l'expression est vraie, de l'imagination qu'exige la fabrication du jouet d'enfant. Il ne suffit pas d'atteindre à la limite extrême du bon marché, il faut incessamment varier et les modèles et les façons et les genres. Le bimbelotier étudie toujours. Vous rencontrez celui qui fait les animaux devant la ménagerie ou dans les galeries du muséum d'histoire naturelle ; tel autre note, d'après les relations de voyages, les types de races, les costumes, les allures des peuples étrangers ; tel autre s'attache à suivre jour par jour et à traduire en jouets l'histoire contemporaine. »

Pour tout ce qui est mécanisme dans le jouet, imitation, reproduction de la vie, la bimbeloterie faite à Paris est supérieure ; en cela même, elle surpasse maintenant de beaucoup celle qui nous vient de Nuremberg. De cette vieille capitale du *bimbelot*, qui est restée en partie digne d'elle-même, et de ces ingénieux et opulents bimbelotiers dont l'un des plus célèbres, M. Bestelmeier, logea en 1814 l'empereur Alexandre dans sa maison, vous pourrez encore tirer toutes sortes de petites merveilles bien établies et à bon marché surtout : jouets en métal, en carton, en pâte ; de Furtz aussi, cette capitale des juifs de la Bavière, comme l'appelle M. de Reiffemberg ; de Grailsheim encore vous viendront tous ces joujoux cassants, cette *quincaillerie* de bois qu'on taille et qu'on découpe avec le couteau dans ces sapins alignés en longues files verdoyantes de Munich à Nuremberg ; enfin une grande partie de la Bavière vous fournira cette bimbeloterie odorante et fragile qui s'exporte par caisses jusque dans les deux Amériques, et qui, ainsi que l'a remarqué M. Marcel de Serres, entre pour une si belle somme dans la balance de son exportation, la matière première des objets n'étant rien, et toute leur valeur se trouvant dans la main-d'œuvre. La Saxe vous enverra par myriades ces poupées, ces ménageries de *papier mâché* dont je vous parlais tout à l'heure, et qui se moulent à si bon compte du côté de Sonnenberg sur l'Elbe, à Neustadt, à Rodach, à Hilburghausen et dans la vallée de l'Erzgebirge. Dans le Tyrol, dont la population presque entière est en travail pour cette industrie, à ce point qu'une seule vallée, celle de Gœden, ne compte pas moins de 2500 découpeurs et tourneurs, vous trouverez le plus immense assortiment de petites voitures sculptées en bois blanc, de poupées à articulations, etc.; du Wurtemberg vous pourrez vous faire expédier par grosses ces ménages microscopiques, ces petites chambres qu'on vous livre toutes prêtes, toutes meublées, toutes habitées pour vingt-cinq sous; mais ces jouets pour la plupart ne vivent pas, ne se meuvent pas, ne parlent pas comme ceux qu'on fabrique à Paris. Ce sont les créatures de Prométhée, avant le larcin du rayon de soleil qui leur servit d'âme. Si ces petites populations de carton ou de sapin; si ces ménageries ne viennent chercher chez nous le fin ressort d'acier ou le petit mécanisme de laiton enroulé qui les fait se dresser et se mouvoir, le système de petits soufflets polyphones et polyglottes, qui est pour elles tout l'appareil vocal, craignez que tout ce petit monde ne soit gêné dans ses mouvements et n'articule mal son cri ou son langage. Avant peu il sera, j'en suis sûr, éclopé de quelque membre ou frappé d'extinction de voix ; et cela, sans que l'enfant, qui la seul le droit de rendre un joujou invaide, y ait pris beaucoup de peine. Le jouet de Paris est plus vivace, il a la vie dure, comme disent les marmots, il résiste mieux à tous les attouchements de ces petites mains curieuses qui s'en vont cherchant toujours ce qu'il a dans le ventre, et ce qui fait sa voix et son mouvement. En un mot, c'est un vrai Parisien; rien n'est comme lui vif, preste et gaiement babillard.

C'est à Paris aussi que ces jouets, si bienvenus, sont le plus coquettement habillés. J'ai déjà dit quelques mots de leur toilette, à propos des modes dont nos poupées sont les messagères ; mais je dois y revenir avec plus de détail.

On ne se douterait guère qu'il y a dans Paris tout un monde de couturières, de lingères, de modistes, de cordonniers, de fleuristes, de perruquiers, dont les poupées sont la seule clientèle; des maisons qui ne comptent pas moins de trente ouvrières où l'on n'est exclusivement occupé que de la *confection* des robes, tabliers, etc., pour ces petites coquettes. Je pourrais vous citer dans ce genre un établissement de la rue Saint-Denis qui travaille spécialement pour l'Amérique et qui vend de 5 à 30 fr. la douzaine les émigrantes toutes parées qu'il expédie. Une autre maison plus considérable encore se trouve rue Mauconseil. On n'y fait pas moins de 120,000 francs d'affaires par an. Les poupées qui en partent par innombrables expéditions vont quelquefois jusqu'en Chine. Il arrive, mais rarement, et tout à fait par exception et sur commande, que nos grandes couturières veulent bien déroger jusqu'à faire concurrence aux habilleuses bimbelotières, jusqu'à mettre un peu de leur talent à la confection d'un trousseau pour un *baby*, ou d'une toilette complète pour une poupée. Dernièrement, dans un procès de chiffons ruineux qui fit grand tapage, on a pu remarquer comme l'un des plus piquants épisodes l'histoire d'une poupée qu'une de nos fameuses couturières avait ainsi fournie tout habillée. C'était une complaisance, une exception ; on la fit payer cher comme vous allez voir, d'après ce qu'en dit l'avocat qui plaidait contre la fournisseuse : « Madame la marquise a une filleule ; c'est une toute petite enfant. Au jour de l'an elle veut lui faire un cadeau ; elle lui donne une poupée ; Mme (suit le nom de la couturière) la fournit. Combien demande-t-on pour la robe de poupée ? 280 fr. ! Attendez, elle a un trousseau. Combien pour le trousseau de la poupée ? 164 fr. ! Près de 500 fr. pour une poupée du jour de l'an ! (on rit) ».

Ces grandes dames ne doivent pas nous occuper davantage ; revenons à nos poupées modestes et à leurs modestes ouvrières. M. Natalis Rondot, dont il faut toujours, pour ce qui concerne l'existence de ce petit monde, invoquer la compétence si intelligente et si éclairée, nous renseigne à merveille sur les dépenses d'une toilette de poupée vraiment parisienne, mais bonne ménagère, quoique s'adressant aux bons fournisseurs. Il commence par la chaussure : « Les cordonniers pour poupées, dit-il, font, les uns les souliers et les bottines de soie, les autres les chaussures de peau. Les chaussures de soie se vendent depuis 33 centimes la douzaine de paires jusqu'à 3 fr. la douzaine ; celles de peau coûtent de 6 fr. à 3o fr. la douzaine. C'est 3 o/o moins cher qu'en Allemagne. La différence de prix est plus grande encore pour les bas de coton : on les vend à Paris 4 fr. 5o cent. la grosse de paires de qualité ordinaire (3 centimes la paire), et les bas fins à semelles et à jour ne valent guère que 3 fr. la douzaine. Quant aux perruques de poupées, on les paye depuis 2 fr. 25 cent. la douzaine (pour les N°ˢ 1 et 2) jusqu'à 15 fr. la douzaine (pour les N°ˢ 11 et 12). Les coiffures formées avec des cheveux implantés sont un peu plus chères. » Le prix des robes, des chapeaux, des gants de poupées est à l'avenant. Bref, si l'on veut une poupée cossue, mais pas trop dépensière cependant, voire une poupée mère de famille à qui, en outre de son trousseau, il faille une layette pour son poupon, on devra mettre, pour avoir le tout en belle confection, 4 fr. 5o à peu près. Notez qu'il y a seize pièces dans le trousseau et dix dans la layette.

Tout cela peut paraître bien futile, bien puéril, c'est le mot ; mais qu'on se mette à le traduire en chiffres, que l'on cherche un peu combien d'existences laborieuses y trouvent leur gagne-pain, et tout cela va devenir tout à coup très sérieux et très respectable.

En 1807, d'après une lettre adressée au Ministre de l'intérieur par la chambre de commerce, il n'y avait à Paris, occupés à tous les menus ouvrages *de tabletterie, d'ivoirerie, peignerie*, etc., que 6,000 individus environ, parmi lesquels les bimbelotiers ne figuraient que pour une très faible minorité ; maintenant on n'en compte pas moins de 2,162, tant fabricants qu'ouvriers, savoir : 330 des premiers, et 1,832 des autres, ceux-ci se partageant ainsi : 561 hommes, 1,168 femmes et 103 enfants. La production de toute cette population dépasse 3,660,000 francs.

	Production	Fabricants	Ouvriers
Poupées en peau et en carton, nues et habillées.	1,208,950	90	805
Jouets divers	737,764	65	309
Jouets militaires, fusils, sabres, gibernes, canons, arcs, flèches, tambours .	277,650	22	105
Jouets mécaniques . .	249,500	11	108
Jouets en fer blanc et en fer battu (ménages, etc.)	196,000	9	54
A reporter. . .	2,669,864	197	1,381

	Production	Fabricants	Ouvriers
Report...	2,669,864	197	1,381
Cartonnages, boîtes, jeux de patience, etc.	192,800	18	75
Animaux en carton, recouverts ou non de peau, etc.	135,735	16	42
Voitures et chevaux en bois.	109,750	15	43
Raquettes et volants.	103,450	13	89
Masques	91,950	7	49
Fausses montres	60,000	3	39
Soldats de plomb	55,000	2	15
Petits meubles	46,500	14	15
Balles, ballons, mirlitons, jouets tournés, cerfs volants.	196,120	45	84
Total...	3,661,169	330	1,832

Dans le nombre, il y a certaines variétés de jouets dont la vente surpasse de beaucoup celle des autres. C'est énorme, par exemple, ce qui se consomme chaque année de bilboquets, de toupies, de quilles fabriqués à Paris. En 1849, on en vendit pour 39,200 francs. Ce n'était pourtant pas une époque qui permît de dépenser beaucoup à ces futilités. La même année, il y eut pour 54,700 fr. de petits tambours fabriqués à Paris, et que les enfants du monde entier se chargèrent de crever en quelques coups de baguette, en même temps qu'ils tuaient sous eux pour 18,810 francs de polichinelles et pantins, tous aussi de fabrication parisienne.

Quand la mode s'empare d'un jouet, c'est bien mieux encore, la consommation arrive alors à d'effrayantes proportions. Chaque époque, on le sait, eut une vogue de cette espèce, qui tantôt montait des enfants jusqu'aux hommes, tantôt descendait des hommes aux enfants. Sous Henri III et sous Henri IV, par exemple, on se prit d'une belle passion pour ces tubes de sureau, qu'on appelait *sarbacanes*, avec lesquels on jetait au nez des passants des dragées, ou plus prosaïquement des boulettes de pain ou de terre. Il n'y avait pas de courtisan qui ne prît plaisir à s'en aller ainsi armé dans les lieux publics, comme ces *galants*, dont il est parlé dans une description en vers de la foire de Saint-Germain, publiée en 1605, lesquels, y est-il dit :

La sarbathane (*sic*) en bouche, ores haut, ores bas
Grêlent de çà de là, de petites dragées.

Vers le même temps, les *bilboquets* furent dans une grande faveur, qui leur venait d'un caprice d'Henri III, et qui durait encore sous Louis XIII. On en mettait partout ; l'abbé de Marolles nous parle même, je crois, d'un *ballet de bilboquet* qui fut réglé par le duc de Nemours, et dansé au Louvre en 1626. Un siècle après, la mode s'en réveilla, l'on ne sait ni comment ni pourquoi, mais ce fut une rage, à ce point que les actrices en scène, lorsqu'elles n'avaient rien à dire, jouaient du bilboquet. Vers 1770, autre résurrection en sursaut. Le bilboquet se remit à faire rage, de concert avec le calembour et pour la plus grande gloire de M. de Bièvre, héros dans les deux genres.

Les pantins eurent aussi leur jour. La vogue qu'on leur fit et dont il n'est resté qu'un refrain :

> Que Pantin serait content
> S'il avait l'art de vous plaire.

fut une des grandes affaires de l'année 1725, et par un de ces retours de fantaisie dont nous venons de voir un exemple pour le bilboquet, en 1746, on le vit reparaître avec plus de faveur encore. » Dans le courant de l'année dernière, écrivait l'avocat Barbier en 1747, l'on a imaginé à Paris des joujoux qu'on appelle *pantins*..... Ces petites figures représentent Arlequin, Scaramouche..... Ou bien des mitrons, des bergers, des bergères.... Il y en a même eu de peints par de bons peintres, entre autres par Boucher, un des plus fameux de l'Académie et qui se vendaient cher... Ces fadaises ont amusé et occupé tout Paris, de manière qu'on ne peut aller dans aucune maison sans en trouver de pendus à toutes les cheminées. On en fait présent à toutes les femmes et filles, et la fureur en est au point qu'au commencement de cette année toutes les boutiques en sont remplies pour les étrennes..... Les plus communes de ces bagatelles se vendaient d'abord vingt-quatre sols..... la duchesse de Chartres en a payé une peinte par Boucher 1500 livres.

Plus tard, du temps du Directoire et de l'Empire, il fut de bon ton de s'amuser de *l'émigrette*, cette sorte de double disque en bois ou en ivoire, qui montait et descendait à l'aide d'un fil onduleusement enroulé et déroulé autour du pivot qui lui servait de centre.

En 1812 les Anglais nous envoyèrent un jeu fort à la mode chez eux depuis 1794 : c'était le jeu du *diable*. Lord Macartney avait vu en Chine les petits marchands des rues attirer les pratiques en faisant danser et mugir ce double globe de buis ou de fer blanc sur une corde agitée à l'aide de deux baguettes, et, de retour, il s'était mis à s'en amuser dans les salons de Londres, où les imitateurs ne lui manquèrent pas. Ce succès le dédommagea des mécomptes de son ambassade ; il n'en avait pas rapporté autre chose.

Il n'y pas longtemps, nous avons vu la vogue des petits pistolets pneumatiques, dont il fallut fabriquer une telle quantité que le zinc en renchérit tout à coup. Puis vinrent les petites toupies de cuivre, ensuite les parachutes en papier ou en mousseline, dont le succès de vente fut si grand l'une de ces années dernières, que la recette de la bimbeloterie parisienne s'en éleva de plus de 3oo.ooo francs. Aujourd'hui seulement ces chances de vogue sont moins grandes pour les jouets, et quand elles arrivent, elles ne peuvent plus s'étendre sur une aussi grande échelle. Les gens du monde beaucoup trop affairés, ne se mettent plus de la partie, comme en ce bon temps d'oisiveté qui vit fleurir la mode des bilboquets et des pantins. On laisse les hochets aux enfants. J'en félicite bien sincèrement mon siècle ; mais j'en ai presque du regret pour mes pauvres bimbelotiers, qui trouveraient tant de travail et de si beaux profits à voir se réveiller quelques-unes de ces contagieuses fantaisies, quelques-uns de ces coûteux enfantillages. On en travaillerait d'avantage, on en vivrait plus à l'aise pendant quelques mois dans les mansardes où tous les jouets s'enfantent par magie ; là-bas aussi, dans ces cantons de Bretagne où cette industrie est devenue une heureuse ressource ; là-bas surtout, au fond et sur le versant de ces laborieuses vallées du Jura, où la belle saison se passe dans les travaux de la culture, et les longs mois d'hiver dans ces menus labeurs.

Après ce que nous avons dit de la bimbeloterie de Paris et de ses merveilles, il y aurait ingratitude de notre part à ne point parler de celle du Jura, à ne rien dire de ces infatigables tourneurs des bords de l'Ain et de la Bienne, qui donnent tant de formes utiles au bois du hêtre, du sorbier et de l'érable, au buis, à l'if et au cytise des Alpes. Aussi, bien loin de les oublier, ces ingénieux artisans de Cernon, de Manouille, de Saint-Claude et du Bois-d'Amont, c'est par eux que nous voulons dignement finir. Ils sont artistes et ouvriers. Ceux-là taillent et cisèlent l'ivoire, ceux-ci travaillent le bois. Parmi les uns, il se trouva des maîtres sculpteurs d'une modestie sans égale, comme Rosset et Jaillot, à la fin du XVIIIe siècle, qui furent les premiers à s'étonner de leur gloire, quand par la bouche de Voltaire et du grand Frédéric elle se mit à courir le monde ; parmi les autres, il n'y a que d'intelligents et d'infatigables travailleurs. Ce sont des familles entières à la tâche, depuis la mère jusqu'au petit enfant, depuis celui qui dégrossit le bois brut jusqu'à celui qui achève et polit l'ouvrage. En 1799, un incendie surprit Saint-Claude, et la pauvre petite ville brûla tout entière comme une boîte de jouets. Dix ans après, il n'y paraissait plus ; on y était mieux que jamais en travail ; comme pour narguer plus intrépidement le fléau, on ne s'en tenait pas, comme par le passé, à façonner des joujoux d'écaille, d'ivoire ou de petit buis ; on s'était mis à faire, avec du bois léger, de petits membles, de petites voitures, des ménages, enfin toutes sortes de *Joujoux d'Allemagne* dont un négociant de Dôle avait apporté des modèles. C'était, certes, être brave. Cette vaillance porta bonheur à Saint-Claude ; il ne brûla plus. Tout ce qui vient de cette contrée s'appelle *bijouterie de Saint-Claude.* C'est une dénomination un peu ironique peut-être ; qu'importe ? cette bijouterie, sans doute, n'est pas taillée dans l'or ; mais ce qui vaut mieux, elle en produit.

CHAPITRE III

HISTOIRE DES BONBONS

I

Les historiens, qui n'ont pas manqué aux *joujoux*, manquent encore aux *bonbons*. C'est une ingratitude. On ne peut mieux la réparer qu'en ce temps d'étrennes par quelques menus détails, ou l'histoire prise en douceur, se viendra fondre aussi agréablement que possible dans l'anecdote appétissante.

J'espère que les grands enfants s'y plairont, et que les petits pour la première fois, mordront volontiers à la leçon historique.

Celle-ci, d'abord, aura cela de bon qu'elle ne se perdra pas, comme tant d'autres, dans les temps antiques. Les anciens, faute de sucre, ne connurent pas les bonbons. Grand plaisir de moins pour eux, mais grand ennui de moins pour nous, qui n'auront pas ainsi à chercher le secret de leurs friandises et à vous le dire !

Quelques petits gâteaux et confitures au miel composaient toute leur confiserie. Ce n'était qu'un bien pauvre luxe de gourmandise, comparé au nôtre. Platon le trouva encore trop grand. Il exclut de sa république tous les *confiseurs* et pâtissiers, mais à contre cœur, suivant Athénée ; et sur ce point même, il ne fut pas fâché de voir échouer son plan : le gourmand consola le philosophe.

Au moyen âge, la philosophie qui fut, comme vous savez, l'ensemble de toutes les sciences, arts et industries, se montra plus indulgente aux friandises.

Un des premiers confiseurs en renom, qui nous apparaît à la cour de l'empereur Frédéric, dans les premiers temps du treizième siècle, lorsque le sucre commence à se faire moins rare, grâce à la culture des « *cannes à miel,* » en Sicile et dans l'Andalousie, est un savant qui, pour rehausser sa science, se fait appeler *philosophe*.

Il ne proscrit pas les friandises, dont s'indignait son confrère Platon ; au contraire, il les fabrique lui-même, il les distille, les raffine, les confit de ses propres mains. L'empereur a-t-il besoin de sirops et de *sucre violet*, c'est-à-dire de ce sucre à la violette, la chatterie la plus délicate et la plus enviée qui fut alors, c'est au *philosophe* Théodore qu'il ordonne de faire porter tout ce qu'il faut pour obtenir « cette douceur ; et, peu de temps après, le philosophe, qui s'est mis à l'œuvre, annonce en grand apparat, au chancelier impérial Pierre de la Vigne, l'envoi d'une boîte de sucre violet ! »

Le bonbon était alors scientifique et solennel ; on eût dit qu'il tenait du « grand-œuvre » et s'élaborait comme un de ses mystères. Les noms qu'on lui donnait avaient même quelque chose d'imposant. Avant d'arriver à la friandise, il fallait mordre dans l'amère enveloppe des mots comme ceux-ci : le *Gigimbraiz*, bonbon au gigembre, le *ponidoin*, le *diadoro hilii*, le *diamargareton* et *diadragam*, d'où, sans trop en avoir l'air, est venu le joli mot *dragée*.

Le trouvère Guyot de Provins, qui nous a parlé de toutes ces choses, qu'il trouve exquises en dépit du latin, dit que c'est Montpellier qui les fournissait à toute la France. Montpellier, la ville de la médecine, la ville des remèdes ! Ne vous en étonnez pas. Qui disait sucrerie, disait remède en ce temps là. On n'avait le droit d'être gourmand qu'à la condition d'être malade, et il était tout naturel que la ville de la pharmacie fut en même temps celle de la confiserie.

Celle-ci d'ailleurs n'allait jamais sans l'autre. A l'apothicaire seul aapartenait le privilège du sucre et de tout ce qui en vient. C'était le fond de son métier, aussi dit-on encore, en quelques provinces, pour un homme dépourvu de tout ce qu'il devrait avoir : « C'est un apothicaire sans sucre. »

Rappelez-vous la farce de *Pathelin*, non celle de Palaprat, ni celle non plus de l'opéra comique, mais la vraie, l'ancienne, et vous verrez l'apothicaire recommander surtout sa *chère* marchandise, le remède qui s'achète au plus haut prix, le *sucre*. Prenez-en, il guérit tout, car c'est lui qu'on paye le mieux : « Usez-en, fault du sucre fin, » dit l'honnête homme d'apothicaire, qui règle, d'après ce qui doit revenir à son escarcelle, ce qui doit être le meilleur pour la santé du malade, et déclare une *panacée*, ce qui l'enrichit le mieux ! Or, le sucre était dans ce cas !

Il fallait être riche pour en user. Venu de loin, accomodé avec des ingrédients qu'on disait aussi rares que lui, et qui doublaient, triplaient son prix, il faisait la fortune de l'apothicaire qui le vendait ce qu'il voulait, et par conséquent ne se lassait jamais à cette vente.

Toute ménagère qui ne le ménageait pas était, par ce fait seul, taxée de dépense folle. Eustache Deschamps, faisant dans ses satires le compte d'un prodigue de son temps, met en première ligne du « sucre blanc pour des *tartelettes !*

Il n'y avait que les rois et les princes qui, en dehors de la maladie, eussent le droit de se le permettre sans faire crier. Aussi ne le trouve-t-on guère que sur les livres de dépenses royales : les *comptes du Dauphin de Viennois*, en 1333, par exemple, où il est parlé comme luxe extraordinaire « de sucre blanc » l'*Etat de dépenses du roi Jean en Angleterre* où l'on voit que le roi captif savait adoucir sa captivité avec toutes les friandises que la confiserie du temps pouvait fournir à ses malheurs. C'est du sucre au musc ou *muscarat*, dont la mode, pour nous, au moins bizarre, se conserva longtemps ; du sucre *rosat*, du *caffetin*, sorte de sucre arabe, déjà mélangé avec l'arôme de la fève abyssinienne de Kaffa, le café ; et enfin du *Pignolat* espèce de dragée singulière qui fut en vogue jusqu'au dernier siècle, et que l'on composait avec le fruit de la pomme de pin confit au sucre.

Pendant que le roi prisonnier se faisait, à Londres, un régal consolateur de toutes ces sucreries ruineuses, ceux qui gouvernaient pour lui en France les défendaient prudemment aux bourgeois de Paris. Trouvant qu'ils ne pouvaient être assez riches pour suffire à tout, c'est-à-dire à l'impôt qu'il fallait payer pour racheter le captif, et aux friandises dont ils pourraient avoir envie pour leur propre compte, on croyait bon de leur supprimer... les friandises.

Il parut au mois d'août 1353, l'année même où le roi Jean s'indigérait le mieux de bonbons, un édit qui les défendait à ses fidèles et *amés* sujets. Par l'article VIe, ordre était donné aux *apothicaires-confituriers* de tout confire au miel pour les bourgeois, et de ne se permettre le sucre que pour les grands seigneurs.

Le privilège et l'aristocrtie même dans le bonbon ! Je ne croyais pas qu'ils fussent allés si loin.

Dans les temps les plus durs — et alors on y touchait déjà — la somptuosité gourmande n'eut pas un instant de cesse au Louvre, aux Tournelles, à l'hôtel Saint-Pol.

Charles VI, le roi tombé en enfance, fut, tant que dura sa folie, traité comme un enfant gâté. On sait, d'après les *comptes de son hostel*, toutes les *gâteries* dont il eut le régal quotidien. C'étaient « espices confites, sucre rosat, blanc, vermeil et en pâte, orangat, anis, noizettes, *manu-Christi*, pignolat, pastes du roy, etc. »

Ce menu friand ne ressemble guère à la chère plus que maigre qu'on a servie, dans les opéras ou les tragédies, à ce roi qui toujours dit : « J'ai faim ; » ou, comme variante: « Du pain ! du pain ! »

Ce n'étaient pas ses cris, mais ceux de son peuple, à qui l'on n'avait plus besoin alors de défendre le sucre et les friandises. Sa pauvreté les lui interdisait mieux que les édits. Un meilleur temps revint, et avec lui l'appétit des douces choses ; la loi malheureusement restait debout et en barrait le passage ; on l'éluda.

Pour une foule de prétextes on courut chez l'apothicaire-confiseur, qui ne demanda pas mieux que de se laisser tromper. Voulait-on du *sucre à la violette*, on se disait malade de l'estomac, et vite le sucre désiré vous était servi, Arnauld de Villeneuve ayant positivement dit que pour le manque d'appétit il était souverain !

Avait-on une envie de *sucre rosat*, on trouvait quelque autre maladie pour excuse, un rhume, une fluxion, et si l'on payait bien, l'apothicaire vous trouvait toujours assez malade.

N'est-il pas curieux qu'en ce temps de défenses de toutes sortes et de privilèges absurdes, il fallut autant de ruses aux braves gens pour se procurer des sucreries chez l'apothicaire, qu'aujourd'hui aux scélérats pour se procurer du poison.

La justice toutefois vous privilégiait, mais à son profit, comme on va voir. Elle n'avait, en ce temps-là, d'indemnités qu'en *bonbons*, ou, pour parler la langue d'usage, *en épices*. Les seuls honoraires étaient quelques *pains de sucre* ou quelques *cornets de dragées*. Plus tard, la pièce d'argent se glissa au fond des cornets, puis peu à peu, en se multipliant, prit toute la place et resta seule.

Tant que l'épice domina dans ces honoraires de justice, il y eut privilège pour qui avait à payer son juge ou son avocat. L'apothicaire, en pareilles circonstances ne pouvait refuser la *sucrerie* il la livrait à tout venant, en de fort jolies enveloppes, qui trompaient sur l'apparence et ainsi ne payaient que mieux aux juges leur justice, telle qu'ils l'avaient rendue.

On savait ce que valaient ces boîtes d'épices sucrées, vendues chez les apothicaires pour récompenser la justice ; et au seizième siècle, il courait un proverbe qui n'est pas encore tout à fait hors d'usage :

 Ce sont boîtes d'apothicaires,
 Belles dehors et rien dedans.

Les confiseurs, dignes successeurs des apothicaires et dignes confrères aussi, car ils leur ont envoyé bien des malades, ont, j'imagine, encore ces boîtes là.

Ce n'est pas la seule chose qui leur soit restée du temps dont je parle.

Au nombre des malades à qui les sucreries étaient le mieux permises, se trouvaient les accouchées. Pour elles, rien qui fut défendu. « Aux temps de *Gésine*, » dit Mme Aliénor de Poitiers, en ses *honneurs de la Cour*, la friandise est obligée, le *drageoir* doit toujours être ouvert et bien garni pour les commères qui lui viennent faire visite, et tenir un de ces *caquets* dont sous Louis XIII on écrivit tout un livre.

De là est venu que dans tout baptême on donne tant de dragées dont l'accouchée a la plus belle part.

CHAPITRE IV

Les jeux d'enfants

Ne faites-vous pas, me disaient quelques-uns, ne faites-vous pas une trop belle part aux jeux d'enfants? Ne leur attribuez-vous pas une trop grande influence, et le rôle que vous leur donnez, comme gardiens fragiles, mais d'autant plus immortels des traditions, n'est-il pas excessif? Enfin est-il vrai que des gens sérieux se soient occupés de ces choses si peu sérieuses, et aient pris la peine de constater leur importance historique et scientifique? A tout cela, je ne répondrai pas moi-même; je laisserai répondre les hommes graves, dont, à ce qu'il paraît, j'ai engagé la responsabilité sur ce point. Le premier que je mettrai en cause est un homme qui saura se défendre: c'est Leibnitz.

S'occupant de tout, et tant il se sentait capable d'amener le plus puéril détail au niveau de son incroyable supériorité, ne considérant rien comme au-dessous de ses études et de ses réflexions, il avait approfondi les règles et le mécanisme de tous les jeux, aussi bien ceux des enfants que ceux des hommes.

Sa conclusion, inattendue de la part d'un savant et d'un inventeur, avait été celle-ci, qui se trouve dans sa huitième lettre à M. Rémond : « Les hommes n'ont jamais montré tant de sagacité que dans l'invention des jeux. »

Les échecs, qui sont trop un jeu pour n'être qu'un jeu, l'avaient tout naturellement préoccupé d'abord. Il recherchait la conversation de ceux qui les connaissaient bien, et s'enquérait avec curiosité de leurs combinaisons les plus savantes. Le comte de Sunderland, qui était avec M. de Cumingham le plus fort joueur de son temps, ayant passé par la ville où il se trouvait, Leibnitz se donna mille peines pour le voir et l'entretenir. N'y étant pas parvenu, il en eut mille regrets, qu'il témoigne dans la dixième de ses lettres à l'Ecossais Thomas Burnett. « J'approuve fort, y dit-il entre autres choses, qu'on s'exerce sur les jeux de raisonnement, non pas pour eux-mêmes, mais parcequ'ils servent à perfectionner l'art de méditer. »

Après les échecs, le jeu sur lequel il aimait le plus à exercer ses études et ses combinaisons était le *solitaire*, un vrai jeu d'enfants et de jeunes filles, celui-là. On ne peut s'imaginer ce que le grand raisonneur y cherchait et y voyait. Il écrivait par exemple dans sa huitième lettre à M. de Montmort : « Le jeu nommé *solitaire* m'a plu assez. Je l'ai pris d'une manière renversée, c'est-à-dire, au lieu de défaire un composé de pièces, selon la loi de ce jeu, qui est de sauter dans une place vide et d'ôter la pièce sur laquelle on saute. J'ai cru qu'il serait plus beau de rétablir ce qui a été défait, en remplissant un vide sur lequel on saute ; et par ce moyen, on pourrait se proposer de former telle ou telle figure donnée si elle est faisable, comme elle l'est sans doute si elle est défaisable. Mais, ajoute-t-il, à quoi bon cela, dira-t-on ? Je réponds : A perfectionner l'art d'inventer. Car il faudrait avoir des méthodes pour venir à bout de tout ce qui peut se trouver par raison. »

Maintenant, voyez-vous d'ici ce savant, au milieu de ses livres et des instruments de la science, occupé gravement à poser un à un sur la planchette de buis ou d'ébène les petits pions à tête d'ivoire ? Entendez-vous aussi le visiteur pressé, qui frappe bruyamment à la porte et demande à grands cris : « M. Leibnitz ! » et la servante qui lui répond: M. Leibnitz étudie, il cherche un problème ; il joue au *solitaire*. » Le visiteur croit là-dessus que M. Leibnitz est devenu fou et qu'il est tombé en enfance, tandis qu'il n'y a que lui de sot dans tout cela.

Le grand homme disait vrai tout à l'heure quand il écrivait qu'il ne faut rien négliger pour perfectionner l'art d'inventer, et que les jeux peuvent y servir. C'était dernièrement aussi l'avis d'un spirituel écrivain qui a fait dans le récent volume du *Magasin pittoresque* un charmant article sur *les jouets brisés*.

Que voyez-vous dans ce carnage d'étrennes, dans ce massacre des joujoux de l'enfance. « Cet âge est sans pitié ! » des bras et des jambes cassés, des tambours crevés, des *poussahs* éventrés, des ailes de moulin jetées à tout vent, des armées détruites, une vraie campagne de Russie, où le plâtre, les carton et le fer blanc payent le frais de la guerre ; puis des mamans qui grondent et des marmots qui pleurent : le vainqueur se lamentant sur les débris du vaincu !

L'humoriste dont je parle voit mieux que tout cela, sa philosophie du *jouet brisé* va plus loin ; suivant lui, l'enfant qui casse un joujou obéit d'abord au premier besoin du corps et de l'esprit, le mouvement ; puis à un autre, la recherche de l'idéal. En crevant le ventre de son cheval, c'est l'inconnu qu'il veut connaître ; en tâchant de le reconstruire, c'est le mieux, c'est l'idéal qu'il cherche. « Que d'avenir s'écrie notre homme, que d'avenir dans un jouet brisé ! » Et il ajoute : « Regardez donc sans irritation, ô jeunes mères ! l'indiscipline de bambins qui folâtrent dans le bruit, au milieu des jambes et des bras de leurs poupées ; étudiez la surprise de celui qui, crevant la peau du tambour, ne voit rien au fond et ne tire plus de la surface détendue le bruit qui le charmait. Il vient de faire l'expérience du savant qui pose les lois de l'acoustique ou du chimiste qui décompose l'air. Sa découverte est petite, incertaine, inutile à la science, mais elle jette autant de jour sur la nature humaine que les calculs les plus profonds. Ne les grondez pas trop pour ce qu'ils brisent, parce qu'ils veulent s'instruire ; apprenez-leur à briser, brisez même avec eux, et reconstruisez. » Les mamans pourront bien ne pas être de l'avis du philosophe ; mais en revanche, les marchands de jouets lui voteront un tambour d'honneur.

Il aurait pu ajouter que si les enfants, lorsqu'il s'agit de jouets, ne savent que briser, ils sont, au contraire, d'imperturbables conservateurs lorsqu'il s'agit de jeux.

Nous avons déjà dit quels services, s'ils étaient bien étudiés, ces jeux pourraient rendre à l'histoire, et quelles traditions curieuses on pourrait aisément ressaisir, pour peu qu'on voulût se laisser guider par ce qu'ils apprennent, comme le petit Poucet se laissait conduire par les petits cailloux blancs semés sur son chemin.

« Les hommes, disait à Pope le docteur Arbustinot, vanteront tant qu'ils voudront la certitude de la tradition ; elle n'est conservée pure et sans mélange que parmi les enfants, dont les coutumes et les jeux passent, sans varier, d'une génération à une autre. » M. J.-J. Ampère a parlé de même. « L'histoire des jeux d'enfants, dit-il, comme celle des contes de nourrices et des proverbes de bonnes femmes, peut jeter un grand jour sur l'histoire de l'espèce humaine. C'est là ce qui se transmet à de grandes distances, subsiste pendant des siècles, ne s'invente guère, et survit quelquefois, aux coutumes, aux empires.

Les enfants se souviennent quand les hommes oublient, et leurs jeux parlent quand l'histoire se tait. On n'a presque pas de documents, par exemple, sur l'effroyable invasion des Hongrois en Italie et en France au X° siècle ; mais si l'on se veut bien renseigner sur les terreurs semées au passage par ce dernier des ouragans barbares, et se bien remettre en plein dans le sentiment d'épouvante qu'il inspira partout, il suffit d'interroger les contes d'enfant »

Leurs *ogres* vous apprendront ce qu'étaient ces Ongres ou Hongrois. Vous les verrez tels qu'ils apparurent, car la peur enfantine, qui n'avait rien à exagérer cette fois, n'a pas oublié un seul de leurs traits. Les voilà ces sauvages, ces mangeurs de chair, montés à crin sur de petits chevaux dont la course est si prompte, que pour bien peindre leur rapidité, on dit que ceux qui les montent ont des bottes de sept lieues ; les voilà, horribles à voir, avec leurs yeux gris et ronds, le nez crochu, leur bouche énorme et leurs grandes dents.

Il y a encore dans certaines parties de la Hongrie, peuplées par la race hennique, des hommes qui ressemblent à cela.

L'invasion anglaise, pendant la malheureuse guerre de Cent ans, a laissé aussi sa trace d'épouvante dans les contes de nos nourrices ; elles font trembler leurs marmots avec les noms des grands pillards qui faisaient alors trembler tout le monde. Le terrible *Barbe-bleue* du conte, est le partisan anglais *Blue-barb*, dont les coups désolèrent la Bretagne et la Normandie, et l'effroyable *Mathago* et *Rothomago*, n'est autre qu'un *écorcheur* de même force, venu aussi d'Angleterre, et dont le vrai nom était *Matthew Gough*.

Il y a plaisir, quand on s'occupe d'histoire, à retrouver sur le chemin de son étude quelques-unes de ces terribles figures avec lesquelles la peur vous fit jadis faire connaissance et à se convaincre ainsi que, quoi qu'on fasse de sérieux on n'échappe jamais complètement à son passé futile, et que dans l'homme enfin, comme l'a si bien dit Robert Reinick, il faut toujours qu'il y ait de l'enfant.

« Sois un homme en face de la vie, s'écriait-il, un enfant en face de toi-même. Vers le soir de tes ans, il t'arrivera de soupirer à la pensée de la maison paternelle, au souvenir de ton enfance ; cependant tout cela ne sera pas perdu sans retour. Encore un pas, et voici les fleurs et les riants ombrages que je te destine, comme jadis, la bénédiction du père. Joyeux enfant, cours au-devant de ce père ! »

CHAPITRE V

SERVICES RENDUS A L'INDUSTRIE ET AUX SCIENCES PAR LES JEUX D'ENFANTS

I

Ce que nous avançons dans le titre de ce chapitre, qui sera court, comme toute chose qui veut ne pas être ennuyeuse, a souvent été allégué déjà ; en mille et un ouvrages sur l'industrie, on a parlé des éléments utiles qu'elle avait trouvés dans l'observation des jeux de l'enfance, dans l'étude de ces expériences en toutes choses dont les enfants intelligents font leur amusement le plus cher, alors qu'ils tournent, retournent sous ses mille faces chaque objet qu'ils ont en main, soit pour connaître ce dont il est composé, ce qu'il contient, « ce qu'il a dans le ventre » comme ils disent, soit surtout pour bien savoir ce qu'ils en pourront faire eux-mêmes. Mais ce fait si curieux de l'influence des expériences enfantines sur les grandes découvertes de l'homme, a plutôt été avancé que prouvé jusqu'ici ; on a, à ce propos, répété bien souvent les mêmes phrases, les mêmes exemples ; mais de faits nouveaux, point. Or ce sont ces faits nouveaux que nous allons tâcher de trouver et de vous donner ici ; les mêmes choses répétées d'après les mêmes livres nous paraissent être ce qu'il y a au monde de plus oiseux et de plus inutile. Ce n'est pas que nous renoncions à invoquer les livres. Dieu nous en garde ! nous les aimons trop pour cela, et nous tenons trop à ce que la jeunesse les aime, comme nous les avons aimés, comme nous les aimerons toujours ; bien loin de les dédaigner, nous les citerons avec amour, car pour nous il n'y a pas de bon travail sans bonne citation ; il n'y a pas de bon livre sans l'aide des autres bons livres ; il n'y a pas de bons auteurs sans l'appui que celui qui pense et qui écrit aujourd'hui doit chercher et doit trouver toujours dans les œuvres de ceux qui ont pensé et qui ont écrit autrefois. C'est là notre conviction formelle, et nous y tenons si bien, nous avons tant à cœur de la voir partager par les jeunes esprits auxquels nous nous adressons, que pour entrer au vif de notre sujet, nous commencerons par des citations. On lit dans l'un des plus vastes recueils des connaissances humaines, l'*Encyclopédie*, cette phrase qui eût pu nous servir d'épigraphe : « Tous les enfants ont des jeux qui ne sont pas indifférents pour faire connaître l'esprit des nations. » Le P. Adry, bon et excellent esprit, qui sut faire de la bonhomie avec la science, a dit aussi dans l'ouvrage d'érudition charmante qu'il a écrit sur les amusements de l'enfance : « Les jeux d'enfants ne sont pas indignes de l'attention du sage. On y trouve souvent un tableau de la vie humaine, et quelques-uns de ces jeux ont fourni ou des images ou des réflexions morales à plusieurs poètes, et même à plusieurs philosophes, tant anciens que modernes. » Enfin, un livre peu connu, mais qui mérite bien l'être, et que nous conseillons à nos jeunes lecteurs, pour le temps où ils seront aptes à le lire et à le bien comprendre, le *Dictionnaire* de Lefebvre de Beauvray, parle ainsi de l'utilité des jeux d'enfants, en ce qui touche le sujet même que nous voulons traiter ici, les découvertes de la science et de l'industrie : « Il serait possible, y lisons-nous, de tirer plus de parti qu'on ne fait communément des jeux de la première enfance. Il s'agirait d'observer avec attention, et surtout sans les gêner, ces petits êtres qui ne sont occupés du matin au soir qu'à faire pour ainsi dire des cours d'expérience. Considérez-les, suivez-les dans leurs amusements, voyez comme ils s'agitent autour des objets, avec quelle inquiétude, avec quelle ardeur il les essayent, il les éprouvent, ils les tâtent, ils les tourmentent en tout sens. Combien n'a-t-on pas dû et ne pourrait-on pas encore devoir de découvertes importantes aux amusements de tant d'enfants naturellement curieux ! A combien de conjectures utiles n'ont-ils pas donné lieu par leurs tentatives réitérées et souvent plus heureuses que celles de bien des académiciens ! Combien n'ont-ils pas répandu de lumières sur l'horizon du monde savant ! Dans le physique aussi bien que dans le moral, rien peut être n'importe davantage aux hommes faits que d'étudier ceux qui doivent un jour le devenir. On sait que si l'on a fait au seizième siècle la découverte des lunettes d'approche, on en a l'obligation à des enfants qui s'amusaient à jouer avec des verres dans la boutique d'un ouvrier de Middelbourg, en Hollande. »

L'exemple de cette invention des lunettes d'approche est le plus souvent cité, et, quoiqu'il soit bien connu, nous ne pouvons nous dispenser de le répéter ici : Le fils de Jacob Metzu, bon ouvrier en lunettes de la ville d'Alemaër, d'autres disent de Middelbourg, en Hollande, s'amusait avec des verres de diverses espèces, dont son père se servait pour monter ses lunettes. Le hasard lui mit sous la maiu, en même temps, des verres convexes ou bombés, qui servent aux *presbytes*, gens qui ont la vue longue, comme vous savez, et des verres concaves, qui sont à l'usage des *myopes*, ou gens qui ont la vue trop courte. Par hasard aussi le jeune homme rapprocha de son œil le verre concave, tandis que de l'autre main il tenait le verre convexe dans la même direction, mais seulement un peu éloigné. Il fut bien étonné alors de voir le coq de son clocher, vers lequel s'était portée sa vue, qui grossissait, ou plutôt qui se rapprochait de lui. Il appela son père, qui ne s'en tint pas au naïf étonnement de son fils : où l'enfant n'avait vu qu'un hasard, il vit une combinaison utile ; pour l'un c'était un jeu, pour l'autre ce fut une découverte. Maintenant les verres dans leur même disposition et à la même distance l'un de l'autre, il enchâssa chacun d'eux à l'extrémité d'un tube à rallonges ; la lunette était trouvée.

Dans cette invention, le hasard eût plus de part que l'intelligence de l'enfant ; mais il en est d'autres, non moins importantes, où tout est dû au contraire à l'intelligence enfantine, s'ingéniant de tout dans ses jeux, expérimentant tout, cherchant tout et, bien mieux, trouvant tout.

Ce sont les enfants qui connurent les premiers la poudre à canon et ses étonnants effets. Vainement, ou plutôt injustement, on fait honneur au moine anglais Roger Bacon ; si on eût bien lu le livre où il parle de cette invention, on ferait comme lui, on en renverrait toute la gloire au jeu d'enfant, qui lui donne occasion d'en parler le premier. Voici ce qu'il dit en propres termes : « On peut aussi imprimer la terreur par la vue, en produisant des éclats de lumière qui jettent le trouble dans toutes les âmes. On pense que c'est par l'emploi de ce moyen que Gédéon a frappé de terreur le camp des Madianites. *Nous empruntons cette expérience d'un jeu d'enfant en usage dans presque tout le monde.* Il consiste à faire un instrument *(cartouche)* de la longueur du pouce d'un homme, avec lequel on produit, par la violence de ce qu'on nomme sel de pierre *(salpêtre)*, un bruit si horrible (bien que l'instrument ne soit qu'un petit morceau de parchemin) que le bruit du tonnerre et l'éclat de l'aurore ne sont ni plus grands ni plus brillants que ceux que cet instrument occasionne. » Ainsi, voilà positivement l'inventeur prétendu de la poudre qui avoue qu'il n'a pas inventé, et qui déclare que les enfants avaient inventé avant lui. Il eut pourtant un grand mérite, celui de voir ce qui existait sans doute depuis des siècles sans qu'on daignât s'en apercevoir, et celui encore de dire ce qu'il avait vu. Cette précieuse mention de la précieuse invention lui fut comptée comme si c'était l'invention même. Mais maintenant, quand on vous dira c'est Roger Bacon qui inventa la poudre, vous saurez qu'en penser. L'enfant qui, avec ses petits canons de cuivre et ses pétards, fait tapage dans les carrières de Montmartre, en sait plus long qu'il n'en sut jamais.

Eh ! mon Dieu, chers enfants, il en est encore ainsi pour une foule de bien grandes choses qui vous font peur, maintenant que l'homme les emploie, mais qui vous amusaient bien pourtant avant qu'il vous les prit. C'est vous, certes, vous ne vous en seriez guère doutés, c'est vous qui avez trouvé la force d'expansion de la vapeur. Olivier Evans, qui la trouva dans vos jeux, n'a pas eu moins de bonne foi que Roger Bacon. Pas plus que lui il ne s'est dit inventeur, il s'est tout bonnement déclaré emprunteur. « Comme Vaucanson, Pascal et plusieurs autres, lisons-nous à son sujet dans la *Biographie portative des contemporains*, il sut bien voir ce que le hasard mit sous ses yeux. Il a rapporté lui-même qu'il avait environ dix-huit ans, lorsqu'il remarqua des enfants qui, pour faire des pétards, introduisaient un peu d'eau dans un canon de fusil dont ils avaient bouché la lumière, et qu'ils bourraient ensuite : La culasse étant mise dans un feu de forge, bientôt l'explosion avait lieu ». « Voilà, s'écria le jeune Evans, la force motrice qu'il fallait trouver. » Et toute sa vie il s'occupa du meilleur emploi possible de ce grand moyen.

Voilà pour vous de quoi être bien fiers, chers enfants ; mais pourtant n'allez pas imiter ceux qu'Evans observa : maintenant que la découverte est faite, vous n'avez plus besoin de jouer avec la vapeur, ce serait inutile, qui pis est, dangereux.

Ainsi, voulez-vous inventer, observez : et dans vos observations ne dédaignez rien, regardez en bas comme en haut. Etudiez l'homme qui travaille et arrêtez-vous à regarder l'enfant qui joue. Ferracino, l'un des plus habiles mécaniciens de l'Italie au XVIII° siècle, fit comme Bacon et comme Evans, et il eut le même bonheur. Sa première invention fut une scie gigantesque qui, mue par le vent, faisait avec la plus grande promptitude et la plus merveilleuse précision, un travail considérable. Tout le monde admirait, et, dit son biographe Francesco Memmo, un jour on vint lui demander où il avait pris l'idée de cette belle machine ; il répondit naïvement que « c'était en voyant un enfant qui jouait avec un petit moulin en carton. »

Passons-nous maintenant aux prodiges de l'électricité et du galvanisme ; nous trouvons encore les jeux des enfants mêlés à leurs origines. N'est-ce pas avec un cerf-volant bardé de fer que le français Roma et après lui l'américain Franklin allèrent chercher la foudre dans les nuées orageuses ? et si le galvanisme fut trouvé avant Galvani, qui ne fit que le perfectionner et le baptiser de son nom, un peu comme Améric Vespuce fit pour l'Amérique, n'est-ce pas encore parce que Sulzer, qui en parla le premier en 1767, dans son livre étrange *sur la nature du plaisir*, avait observé une expérience que nous avons tous fait au collège ? Des enfants s'amusaient devant lui à mettre leur langue entre deux pièces de métaux différents, dont les bords touchaient d'un seul côté. Sulzer leur demanda la raison de cet amusement bizarre ; les enfants répondirent qu'ils trouvaient à cette interposition de leur langue entre ces deux métaux une saveur amère qui les étonnait et dont ils ne pouvaient se rendre compte. Sulzer se convainquit par lui-même de la réalité de l'expérience, et la consigna dans son livre. Il ne se doutait pas, dit à ce sujet Aimé Martin, qu'il mettait ainsi les savants sur la voie d'une science nouvelle, le galvanisme. Et, ajoute le même écrivain, cet exemple que j'ai choisi au hasard, montre assez la nécessité d'unir les sciences entre elles, puisqu'il est une preuve que les phénomènes en apparence les plus éloignés peuvent finir par se confondre dans une théorie unique. » Nous concluons comme Aimé Martin, nous irons plus loin que lui : « Savants, dirons-nous, avant les livres étudiez les jeux d'enfants ! » et nous vous dirons à vous enfants, continuez vos jeux, mais ne vous enorgueillissez pas de ce que l'homme a pu y trouver d'utile et de grand. C'est Dieu qui l'avait mis dans vos amusements, c'est Dieu qui l'en a retiré pour le montrer à l'homme, afin qu'en passant dans ses mains, ce qui était inutile et impuissant dans les vôtres, devint utile et puissant.

CHAPITRE VI

LES PETITS JEUX

I

On ne vas pas loin dans l'histoire sans trouver la trace des jeux que l'enfance a tant de plaisir à créer et que l'homme a tant de peine à abandonner. Presque tous sont anciens comme le monde, et grâce à cet antiquité, après avoir été de si agréables amusements, ils peuvent être, par leur histoire, occasion d'étude et d'utile instruction. Il est donc bon de rechercher leurs origines ; en outre de ce qu'on y apprendra de choses curieuses, de détails particuliers, elles serviront à convaincre les incrédules ou les paresseux ; qu'il n'est chose si futile en apparence dont il ne soit utile d'analyser et d'interroger la frivolité même. Dieu a placé pour l'homme et bien mieux encore pour l'enfant, un enseignement en toutes choses. Ici, par exemple, il a voulu que pour les jeux, quels qu'ils fussent, se trouvât la leçon d'histoire.

Ne parlons aujourd'hui que des moins bruyants, ceux qui, ne dépassant pas les limites du salon, ou de la chambre de récréation, égayent les longs jours de pluie ou les soirées d'hiver.

Souvent, autrefois, pour bien terminer une veillée et se donner l'air d'être allé au spectacle sans pourtant être sorti de chez soi, l'on faisait venir les marionnettes ou la *lanterne magique*, qu'on appelait alors tout simplement *la curiosité*. C'était le grand ton au XVIIe siècle. Quand il s'agissait de marionnettes, de Brioché qui les montrait, et de Fagotin, son fameux singe, grands seigneurs et grandes dames n'étaient plus que de grands enfants. Il arrivait même que lorsque l'illustre Brioché ne pouvait pas déranger sa troupe, on allait volontiers l'admirer chez lui. Les plus sérieux esprits, auxquels souvent le plus simple amusement suffit, s'en faisaient un plaisir. Bayle, le critique, Mallebranche, le profond philosophe, et mille autres, parmi lesquels je ne citerai plus que l'Allemand Euler, se pâmaient d'aise à voir gesticuler polichinelle. Mme Du Deffant ne dédaignait pas non plus ses amusantes grimaces et ses lazzis.

« Je ris plus que personne aux marionnettes, disait-elle un jour à Fontenelle, parce que plus que personne je me prête à l'illusion. Au bout d'un quart d'heure, je crois que c'est réellement Polichinelle qui parle ».

Comme pour la commodité du plaisir qu'elle préférait si bien, les marionnettes venaient s'installer, chaque année, pendant huit jours, dans le voisinage de Mme Du Deffant. Elle avait son hôtel dans la rue Saint-Honoré, tout près de la place Vendôme, et c'est sur cette place que mons Polichinelle dressait ses tréteaux, quand arrivait l'époque de la foire de Saint-Ovide. Le voisinage des somptueux hôtels qui servaient de cadre à cette foire populaire ne gênait guère nos marionnettes ; elles y étaient à l'aise et y faisaient aussi gaiement leur tapage qu'à la foire de Bezons, qui se tenait à l'extrémité des Champs-Elysées, juste à la place de l'arc de triomphe de l'Etoile, et elles n'y attiraient pas moins de monde que l'orsqu'elles s'abattaient, à la grande joie du peuple, sur le préau des foires Saint-Laurent et Saint-Germain. C'est à celle-ci, dont le mois de Février ramenait tous les ans la joyeuse date, que Lemierre alla s'en amuser ; c'est là même qu'elles posèrent pour le portrait qu'il en esquissa dans son poëme des *Fastes*.

Les marionnettes chantées dans un poëme sérieux ! ce n'est pas une mince gloire pour de pareils comédiens, faits de bois et d'oripeaux. La *lanterne magique*, leur redoutable concurrente, a de même ses lettres de noblesse, mais elle les doit à la science et non pas à la poésie, comme maître Polichinelle.

Il y a bien des siècles, vivait en Angleterre un homme, un infatigable savant, qui sur toutes choses avait fait des expériences profondes. Il se nommait Roger Bacon. Un jour qu'il travaillait sur la nature des ombres, sur leur décroissance ou leur extension progressives, suivant le jeu des lumières, au lieu d'une invention sérieuse, il trouva un jouet, il créa la lanterne magique.

Il s'amusa quelque temps de sa découverte, puis voulut en amuser les autres.

Par malheur, dans le nombre de gens à qui il la fit voir, se rencontrèrent des ignorants et des superstitieux qui crièrent à la magie !

Pour eux, cette lanterne, avec ses ombres noires s'agitant et dansant sur le drap lumineux, était certainement l'œuvre du diable ; et Roger Bacon, l'évocateur de ces enchantements, était à n'en pas douter un affreux nécromancien. Le bruit ne tarda pas à s'en répandre et le pauvre savant fut bientôt sérieusement menacé. Il n'y allait rien moins que d'être brûlé vif, le tout pour une lanterne, c'est vrai, mais Satan, criait-on, y logeait avec tout l'enfer. La chose alla jusqu'au pape Clément IV, qui était la bienveillance et, par bonheur aussi, la science même ; avant de laisser condamner et conduire au bûcher le malheureux Roger Bacon, il voulut juger de son maléfice. *La lanterne magique* fut expédiée de Londres au Vatican. Le pape la reçut lui-même et ne voulut laisser à personne le soin de la bien examiner. Après quelques minutes d'attention, l'affreux sortilége ne fut pour lui, comme pour Roger Bacon qu'un innocent hochet, dont il voulut donner le plaisir à toute sa cour. Que pouvait-il faire de mieux pour montrer l'innocence du savant incriminé? Ainsi il devenait tout au moins son complice, et l'on ne pouvait plus accuser Roger Bacon sans le condamner lui-même. Les plus ardents à poursuivre le prétendu sorcier devinrent donc les plus disposés à l'absoudre, et c'est ainsi qu'il fut prouvé que le diable, quoiqu'on dise, ne loge pas dans la *lanterne magique* !

N'y a-t-il pas quelque chose de touchant dans le fait de ces hommes graves et vénérables qui, ainsi que le saint Pontife, dépouillent parfois leur austérité pour se faire un délassement et un plaisir des simples amusements de l'enfance? L'excellent Malesherbes fut de ce nombre : personne ne trouvait une joie plus douce à revenir, naïf et gai, aux jeux des écoliers. Aux longues veillées on le voyait souvent s'amuser comme un enfant espiègle à souffler des *camouflets* au visage de quelque bon vieillard, son voisin. — « Je me rappelle, me disait une personne à qui il fut donné de le connaître, je me rappelle qu'un jour, tenant par la main une petite fille de cinq ans, et me promenant avec elle dans les jardins de Malesherbes, ce noble vieillard lui proposa de jouer à *la cachette*, et que cette petite fille croyait que son vieil ami y prenait autant de plaisir qu'elle-même. »

Les jeux d'exercice, comme cette bonne cachette dont s'amusait Malesherbes, furent surtout fort en faveur dans les bonnes compagnies de l'autre siècle : On y jouait au *Collin-Maillard*, assis ou non assis ; on y jouait à la *main chaude*, cet amusement des jardins, dont les ébats n'ont pas varié, dont le nom seul a changé depuis qu'on le connaît, c'est-à-dire depuis les anciens. Les Grecs l'appelaient le jeu du *collabismos*, à cause du soufflet *(Colaphos)* qu'on donnait au patient, en lui disant : qui t'a frappé ? Les Espagnols le jouent encore de la même manière, et ce n'est pas le seul amusement antique qu'ils aient conservé dans toute sa pureté. *L'escarpolette*, par exemple, est en Espagne un jeu de tradition, qui, par l'époque invariable qui en ramène les ébats et par la manière dont on s'en amuse, rappelle tout à fait un usage antique. Quand arrivait le temps des Bacchanales, chaque maison de Rome dressait sa balançoire, et c'était à qui, des grandes personnes ou des enfants, y prendrait place à son tour. Les Espagnols ont de même leur *columpio* (balançoire) dressé dans chaque jardin, quand arrive le mois du carnaval, ces bacchanales du monde moderne. A Séville surtout, c'est une coutume irrévocable. On trouve des balançoires jusque dans les salles basses, appendues aux portes, et toujours en mouvement depuis le matin jusqu'à minuit. C'est même là, on peut le dire, le seul plaisir du carnaval de Séville ; les danses et les mascarades sont pour une autre saison. On les ajourne jusqu'à la velada de la Saint-Jean.

Ici, pour la vulgaire escarpolette, nous avons trouvé l'antiquité et la mythologie, comme nous les avions trouvées à propos du *Colin-Maillard*. Le jeu tout aussi simple du petit *bonhomme vit encore* nous y ramènera bien mieux encore. Ce puéril amusement est le souvenir de l'un des plus célèbres jeux de la Grèce antique, mais souvenir fort amoindri, comme vous allez voir. L'allumette inoffensive qui circule de main en main, était alors une torche ardente. Elle flamboyait aux mains des jeunes gens conviés pour les courses des fêtes de Vulcain, le Dieu du feu. A un signal, tous partaient agitant leurs torches, et celui qui arrivait au but sans avoir éteint la sienne, était proclamé vainqueur, il recevait le titre de *Lampadophoros*, c'est-à-dire en grec *porteur de flambeau*. Ces courses avaient lieu, à Athènes, dans les verts jardins d'Académus. Eleusis avait aussi les siennes ; mais là, c'est en l'honneur de Cérès et en souvenir des torches qu'elle fit briller par les campagnes quand elle chercha sa fille Proserpine, que les coureurs s'élançaient dans la lice en agitant leurs flambeaux.

A Rome, nous retrouvons la torche sacrée aux mains des jeunes filles ; elles sont réunies en cercle, et le flambeau allumé passe de l'une à l'autre ; celle en la main de qui il vient tout-à-coup à s'éteindre est vouée au malheur.

Dans tout cela, vous avez reconnu notre vulgaire et très amusant *petit bonhomme vit encore*. Pour mon compte, je le préfère, tout simple qu'il soit, aux vieux rites qu'il rappelle. Le vainqueur n'y est plus décoré du beau nom de *Lampadophoros*, mais au moins le perdant n'est plus frappé d'un mauvais présage. Il donne un gage, il fait sa pénitence, on en rit bien et tout est dit. Maintenant on s'amuse sans arrière pensée ; mais les anciens qui, faute de connaître la Providence, avaient inventé le destin, et qui ensuite ne sachant où le bien placer, le mettaient partout, avaient ainsi l'habitude fatale de tout gâter par la superstition ; ils trouvaient même sous leurs jeux le ver rongeur des mauvais présages ! Ce n'est pas qu'ils ne connussent aussi ce que dans nos jeux nous appelons des *pénitences*; ils s'en amusaient comme nous, mais en d'autres circonstances, et avec une gaieté toujours un peu brutale.

Aux Saturnales, le carnaval de ces temps antiques, on avait l'usage de nommer un *roi du festin*. Ce n'était point par le sort de la fève, comme pour notre gâteau de l'Epiphanie, que cette royauté était élue ; c'était par le sort des dés. Celui qui en était investi avait le droit de donner aux convives les commandements les plus burlesques. A celui-ci il donnait l'ordre de dire tout haut du mal de soi-même ; à celui-là il commandait de prendre sur les épaules la joueuse de flûte, et de faire ainsi trois fois le tour de la maison. Ses ordres étaient souvent des condamnations burlesques, qui faisaient toutefois, du convive auquel il les infligeait, un véritable patient. Il était fort heureux quand on ne le condamnait qu'à avoir le visage noirci avec de la suie, car, le plus souvent, on allait jusqu'à le dépouiller de ses vêtements et à le plonger tout nu dans une cuve d'eau froide.

Avouez que nous avons dans nos jeux plus de gaieté, plus d'esprit et plus d'humanité.

Chez les Grecs, nous trouvons pourtant quelques amusements qui, sur tous ces points, ne le cèdent pas aux nôtres. Entre autres petits jeux, les dames d'Athènes connaissaient celui-ci : L'une d'elles choisie par le sort devait, dans tout ce qu'elle faisait, être imitée par les personnes présentes ; et vous voyez d'ici tout ce que ces imitations forcées amenaient parfois d'amusant et d'inattendu.

Un jour qu'on s'ébattait ainsi dans le gynécée de l'une des matrones d'Athènes, Aspasie, la plus belle des Grecques, vint à entrer. Les femmes qui étaient là ne brillaient pas toutes par la beauté et par la jeunesse, mais toutes pourtant avaient la prétention de paraître jeunes et belles, ainsi qu'on pouvait le voir au fard étalé sur leurs joues. L'arrivée de l'épouse de Périclès fut accueillie par un sourire de contentement forcé, auquel succéda bientôt un murmure de mots jaloux circulant par tout le cercle, et qui n'échappa point à la spirituelle Athénienne. On reprit le jeu pourtant, et Aspasie y prit part. Son tour vint bientôt d'être la patiente et de faire le geste que devaient imiter toutes les autres. Alors elle se fit apporter un bassin d'eau fraîche, y trempa sa main, et par deux fois s'en frotta le visage, ce qui donna encore plus d'éclat à sa beauté. Toutes les matrones durent faire comme elle, et le fard de leurs joues détrempé par l'eau laissa voir en tombant leurs rides et leur laideur; elles se retirèrent courroucées, mais punies aussi de leur jalousie et du murmure envieux qui avait accueilli l'arrivée d'Aspasie.

Ainsi les jeux ont souvent pour conclusion une bonne leçon de morale.

II

Il faut être, dans les jeux, ce qu'on doit être partout, et parce qu'ils permettent la frivolité, ne pas se croire en droit d'y abdiquer les règles de la convenance. On y devient plus familier avec ses supérieurs qui parfois daignent s'y mêler ; mais qu'on se garde bien de faire dégénérer cette familiarité en impolitesse, ainsi qu'il arriva un soir à un gentilhomme admis dans le cercle intime de Mademoiselle, fille de Gaston d'Orléans.

C'était au château d'Eu ; au retour de la promenade, on s'était mis à jouer aux Proverbes, amusement à la mode, et qui n'était pas alors plus compliqué que ne l'est aujourd'hui le jeu des *charades*. On y devinait sur le geste plutôt que sur la parole le proverbe mis en action. La princesse, qui trouvait très aisément la solution de ces petits problèmes de pantomime, avait déjà deviné deux ou trois proverbes gesticulés devant elle : *L'occasion fait le larron ; à gens de village trompette de bois, tant va la cruche à l'eau*, etc... quand un gentilhomme de sa maison, dont le tour était venu de jouer son proverbe, se mit à sauter, à rire, à grimacer, à faire mille extravagances. Ne comprenant pas quel proverbe pouvait se cacher sous toutes ces contorsions, Mademoiselle le fit recommencer et ne devina pas davantage. Elle y renonça, et de guerre lasse demanda le mot de cet énigme en grimaces : « Mon proverbe, dit le gentilhomme, tout fier de n'avoir pas été compris, est celui-ci : *Il ne faut qu'un fou pour en amuser bien d'autres.*

« Ma foi, Monsieur, lui répliqua Mademoiselle fort piquée, je l'eusse compris, que pour votre honneur je ne l'eusse point voulu dire. Votre proverbe est un mal-appris, et votre explication un manque de respect. Sortez et que je ne vous revoie jamais ni dans mes jeux, ni dans mon service. »

En toutes choses, vous le voyez, il faut être adroit et bien avisé. Mais quand à la science des convenances et de l'exquise urbanité, on peut, même dans les jeux, joindre l'esprit, c'est beaucoup mieux encore. Le poëte Léonard avait toutes ces qualités de l'homme du monde accompli. Il avait toujours quelques vers charmants au service de la politesse, et pour peu qu'on l'en priât, il ne payait pas autrement qu'en jolis *impromptus* les gages qu'il avait perdus aux petits jeux. Dans une fête de famille, chez le marquis de Chauvelin, on avait joué au *gage-touché*, Léonard perdit ; pour lui permettre de reprendre son gage, on exigea de lui un *conte de fée*. Il s'exécuta de bonne grâce, et après quelques minutes de recueillement, voici les vers qu'il rapporta :

Il était une fée aussi douce que belle,
Les arts formaient ses attributs,
On voyait marcher auprès d'elle
Et les talents et les vertus.

. . . .

Elle avait un époux, ornement de la cour,
Grand guerrier, profond politique,
Possédant l'art de plaire autant que la tactique.

. . . .

Une autre fée encore habitait ce séjour,
Elle joignait alors au feu du premier âge
De la maturité le solide avantage :
Tel est dans son éclat le midi d'un beau jour.
Des enfants dignes d'eux ajoutaient à leur gloire.
Mais qu'entends-je ? une voix au moment où
Semble dire : Arrête, ami, tu t'es mépris, [j'écris],
On te demande un conte et tu fais une histoire.
Ma muse a manqué son objet ;
Mais sur votre indulgence est-ce à tort que je
C'est bien votre faute en effet, [compte] ;
Si ce récit n'est pas un conte.

On ne pouvait pousser plus loin, avouez-le, la courtoisie du bel esprit.

En ce temps-là, c'était l'usage, les petits jeux n'allaient pas sans l'esprit. Tout en s'amusant on y faisait sa réputation d'homme ou de femme spirituels. Un jeu, à la mode en 1773, était surtout fait pour mettre à l'épreuve toutes les jeunes imaginations, et leur donner l'occasion d'être habiles et ingénieuses; c'était le *jeu des bateaux*. Voici en quoi il consistait: On vous supposait dans un bateau prêt à périr, avec deux personnes que vous aimiez, ou que vous deviez aimer le plus, et l'on vous disait: De ces deux personnes, vous n'en pouvez sauver qu'une ; vous allez périr, laquelle sauverez-vous ?

C'était embarrassant, presque indiscret; et bien heureux qui s'en tirait à l'honneur de son cœur et de son esprit, et à la satisfaction des deux compagnons de bateau qu'on lui avait donnés.

La question fut posée un jour à la comtesse A. qu'on avait placée dans le bateau avec sa mère qui ne l'avait point élevée et qu'elle connaissait à peine, et avec sa belle-mère, qu'elle aimait de la plus vive tendresse : « Eh bien, lui disait-on, le naufrage survenant, que feriez-vous ? » La comtesse répondit : « Je sauverais ma mère, et je me noierais avec ma belle-mère. »

Parmi les petits jeux en faveur à cette époque, j'en citerai encore un, moins pour ce qu'il est en lui-même, que pour l'anecdote qu'il m'amène à vous conter.

On l'avait importé d'Italie, où l'on s'en amuse encore, et il était des plus simples. On élevait sur une table un petit monticule de sable fin ou de la sciure de bois ; dans les flancs de cette montagne, on cachait une pièce de monnaie, la plus petite qu'ont pût trouver ; puis après avoir fait le tour de la table, on venait, l'un après l'autre, plonger la main dans le monticule mouvant. Celui qui parvenait à saisir ainsi la petite monnaie était vainqueur, et elle lui restait pour gain de sa victoire. Or, ce jeu qui, il y a quatre siècles, était déjà en faveur dans le royaume de Naples, inspira à Alphonse V un expédient bien adroit, dans une circonstance bien difficile.

Il était entré avec plusieurs de ses gentilshommes dans la boutique d'un joaillier de Gaëte ; il avait fait emplette de quelques bijoux, et, le prix payé, il venait de sortir avec sa suite, quand il vit le marchand tout effaré, la tête nue, accourir vers lui : « Sire, criait-il, on m'a volé ; l'un de mes plus beaux diamants vient de disparaître. » Alphonse regarda l'un après l'autre tous ses gentilshommes, aucun n'était ému, aucun n'avait rougi : « Eh bien, mon brave homme, dit-il au joaillier, retournons chez vous. » Quand ils y furent tous, le roi que le souvenir du jeu dont je vous ai parlé venait d'inspirer tout-à-coup, fit apporter une large sébille de bois pleine de sable. Le premier il y plongea sa main fermée, et d'un regard il dit à ses gentilshommes de faire de même. Toutes les mains y ayant passé, on vida la sébille ; le diamant se trouvait au fond.

« Tiens, dit le joaillier ravi, c'est à peu de chose près comme au jeu du *tas de sable*.

— Avec cette seule différence, dit le roi, que l'objet caché n'y a pas été pris, mais rendu.

— Le gain de la partie est pour lui, dit un gentilhomme.— Dites pour nous tous, messieurs, nous y gagnons de ne pas connaître un coupable. »

Dans tous ces jeux quels qu'ils fussent, et surtout dans ceux qui étaient de véritables exercices, on apportait alors la plus grande ardeur. Il n'est pas jusqu'au naïf *cheval fondu* qui n'eût des seigneurs pour joueurs ardents, et qui ne prît parfois le pas sur les plus sérieuses affaires négligées à cause de lui.

En 1556, l'amiral Colligny était arrivé à Bruxelles avec une suite nombreuse pour traiter d'une trêve à conclure avec l'empereur. L'affaire était grave ; cependant, tandis que l'amiral en réglait les conditions, savez-vous ce que faisaient dans la cour de son logis les seigneurs intéressés autant que lui à l'issue encore douteuse de la négociation ? Ils jouaient au *cheval fondu*, et cela, avec un si grand bruit, que la foule ameutée autour de la maison finit par envahir la cour, et que les gentilshommes flamands qui s'y trouvaient mêlés se mirent de la partie. Elle dura tout autant que le travail du traité à conclure, et le bonheur voulut que, dans l'une et l'autre partie, les Français l'emportassent : pour le traité, parce que la bonne cause et l'adresse du négociateur étaient pour nous ; au *cheval fondu*, parce que, dit le vieux chroniqueur de qui nous tenons le fait, il n'appartient qu'aux Français seuls de faire les choses de bonne grâce.

CHAPITRE VII

Histoire du Colin-Maillard et du jeu des Barres

On a, ce me semble, trop dédaigné les jeux d'enfants ; de tout temps on n'y a vu qu'un amusement futile, dont l'homme grave doit se hâter de rire et d'avoir pitié ; bien peu de gens se sont donc inquiétés de faire de ces jeux l'objet de recherches érudites ou même de feuilleter à leur intention le moindre livre qui pût instruire de leur histoire. Livres et jeux, sciences et amusements, sont trop incompatibles pour qu'on s'avise jamais de les rapprocher et surtout de les rendre égaux par l'étude, disent les hommes aussi futiles en cela que l'écolier le plus pressé de fuir ses livres quand on lui parle de jouer. Et de quel intérêt, ajoutent-ils, de quelle utilité pourrait être ce travail ? Quelle découverte peut-il en surgir pour le justifier ? Nulle sans doute relativement à la morale ; mais mille pour l'histoire philosophique qui, recherchant curieusement et surtout dans les moindres choses la trace d'une unité primitive, la retrouvera tout entière dans ces jeux si dédaignés, et qui cependant, grâce à leur universalité, à leur caractère si peu variable en dépit du changement de temps ou de nations, n'en sont pas moins une des preuves les plus évidentes de cette unité, lien instinctif des peuples dans l'enfance.

Pour moi, il me semble qu'il ne sera pas d'un médiocre intérêt de savoir et de prouver que les jeux de nos enfants ne diffèrent presque pas de ceux des enfants grecs ou romains, et que maintenant encore, malgré la dissemblance des mœurs, des langues et des religions, ces mêmes jeux se retrouvent sous des formes pareilles, non seulement chez tous les peuples de l'Europe, mais encore chez ceux de l'Orient, chez les Turcs, les Arabes, et les Persans. Les révolutions ont tout détruit, tout bouleversé, et elles n'ont épargné que ces choses légères qui, comme le roseau de la fable,. pliant toujours et ne rompant jamais, doivent leur immortelle durée à leur faiblesse et à leur futilité. En respectant l'enfance insoucieuse de toutes les révolutions, aussi bien qu'indifférente à tous les conquérants, on respecta ses amusements, et d'âge en âge, par une suite non interrompue de traditions enfantines, l'instinct primitif aidant toujours, ces jeux arrivèrent jusqu'à nous, presque sans mélanges, et sans altérations. Et, en cela, ne sont-ils pas semblables encore à ces graines de plantes que les tourbillons orageux emportent, mais ne détruisent jamais, et qui malgré la tempête se fécondent sous les mêmes formes et avec les mêmes couleurs, partout où elles retombent.

Les jeux ainsi ravivés de peuples en peuples et éternisés par la tradition universelle, sont donc une des dernières expressions du monde primitif et en même temps une des dernières manifestations de ses symboles, car tout se rapprochait dans ces premiers âges du monde, les jeux de l'enfance et les pratiques de la superstition ; grâce à une civilisation croissante, les jeux ont seuls survécu, ils devront donc souvent nous donner le mot de plus d'un antique mystère de ces religions effacées et qui ont avec eux une commune origine. Ainsi étudiés, ainsi commentés, ils justifieront cette phrase de Monteil :

« Chaque art, chaque jeu, surtout lorsqu'il est très ancien, a dû avoir, comme aujourd'hui, son histoire fabuleuse. » Bien plus, ils donneront, je l'espère, gain de cause à mon travail et à ces paroles d'un grave encyclopédiste, que j'aurais dû prendre pour épigraphe : « Tous les enfants ont des jeux qui ne sont pas indifférents pour faire connaître l'esprit des nations. »

Et s'il me faut encore une autre justification de ma tentative historique, j'invoquerai le souvenir d'un grave historien de l'antiquité, de Suétone enfin qui, après avoir dessiné à grands traits la vie des douze Césars de Rome, ne crut pas dégrader son talent en le consacrant à l'histoire des jeux de l'enfance chez les Grecs. Suidas, Servius, Eustache, parlent de cet ouvrage et sont loin de le reprocher à son auteur. Je puis donc faire avec honneur ce que Suétone a fait sans blâme.

Le *Colin-Maillard*, l'un des jeux les plus amusants et les plus répandus, est aussi l'un des plus anciens. On le trouve chez tous les peuples, et partout il est le même, il ne change que de nom en changeant de pays. Chez les Arabes, c'est le *haig j'ol* (les yeux fermés) ; chez les Perses, le *ser der kilim* (il a la tête dans une couverture) ; chez les Anglais le *blind man's buft* ; mais je m'arrête au risque de perdre si belle l'occasion de faire le vocabulaire polyglotte de tous les noms du Colin-Maillard. J'aime mieux vous redire bien vite, et cette fois avec Régnier-Desmarets, ce que tout ce fatras de mots eût trop longuement prouvé.

Tous ceux que le ciel a fait naître
Ont joué partout comme ici
Au Colin-Maillard. Dieu merci,
Je n'ai jamais trop voulu l'être,
J'aime à voir clair — Voici le jeu
Tel qu'il nous vint des Grecs en même temps que [l'oie.]
Quand ce fut et par quelle voie.
C'est dont je suis instruit fort peu.

Je ne sais pas plus que Régnier-Desmarets quel chemin prit Colin-Maillard pour venir de chez les Grecs en France ; mais ce qui m'est avéré, c'est qu'il en vient, sans avoir même trop changé sur la route. Lisez le grammairien grec Hesichius, et surtout Julius Pollux, au chapitre VII du Livre IX de son *Onomasticon*, vous y verrez qu'au jeu de la

Muynda du verbe grec *muô*, (fermer), un enfant à qui l'on avait bandé les yeux devait chercher à saisir un de ses camarades et à deviner qui il avait saisi. N'est-ce pas, sauf le nom, tout notre Colin-Maillard ? les enfants de Corinthe échappés à la férule de Denis s'ébattaient de même que les enfants de nos collèges ! Parfois pourtant leur Colin-Maillard se variait davantage. Alors on l'appelait le jeu de la mouche d'airain, la *mina chalché :* J'irai à la chasse d'une main d'airain, disait l'enfant aveugle. Oui, vous irez, disaient les autres, et vous ne prendrez rien, et ils le frappaient avec leurs mains et leurs livres jusqu'à ce qu'il eût pris quelqu'un. C'est encore Pollux qui nous décrit ce jeu ainsi modifié. Ce nom de *Mouche d'airain*, qui devait avoir sa signification et son étymologie fabuleuse chez les Grecs, s'était conservé chez nous au moyen âge pour désigner le *Colin-Maillard* ; Rabelais parle d'un jeu de la *Mousque* auquel il fait jouer des pages avec leur bourrelet. Mais sans s'inquiéter de l'origine de ce nom, il se contente de dire avec une simplicité burlesque qu'il vient de celui de Moscus, l'inventeur du jeu. Les Italiens, par une réminiscence semblable et sans doute aussi involontaire, disent encore jouons à la *mouche-aveugle*, à la *Mosca-Cicca*, les Languedociens font de même et dans leur jeu du *Mousco-Dabit* (la mouche qui marche) ils ne se doutent guère qu'ils empruntent aux anciens Grecs jusqu'au nom de leur amusement.

Quant à nous, sans renier un jeu consacré par les Grecs, nos devanciers en toutes choses sérieuses ou frivoles, nous jouons aussi à la *mouche d'airain* ; seulement nous avons changé le nom du jeu ; mais pour l'avoir francisé, ne croyez pas que nous sachions davantage ce que ce nom veut dire. Demandez à qui vous voudrez l'origine du mot *Colin-Maillard* ; feuilletez tous les dictionnaires pour savoir son étymologie, savants et dictionnaires nous répondront par le récit de mille fables douteuses dont aucune ne vous fixera, car aucune n'a l'évidence de la vérité. Vous allez en juger par deux des histoires les plus connues qu'on raconte au sujet de cette étymologie.

Au temps de notre pieux roi Robert, il existait, dit-on, au pays de Liège, un valeureux chevalier nommé *Colin* qui ne connaissait pour arme que le maillet et qui, pour cela avait été surnommé *Maillard*. Or, il advint qu'en 999, dans une rencontre avec les Français, ce grand assommeur eût les deux yeux crevés. Tout autre eût été à jamais mis hors de combat, mais lui, se contenta d'attendre que sa plaie fut cicatrisée ; et aussitôt qu'il put rentrer en campagne, on le revit à chaque bataille nouvelle à cheval, et le maillet en main, comme le roi Jean de Bohême à Poitiers, il s'élançait au plus fort de la mêlée frappant à tort et à travers, mais frappant toujours. Nos enfants, à qui le récit des hauts faits de ce Colin-Maillard armé parvint, comme une légende, donnèrent son nom à leur jeu de l'*Aveugle*.

Telle est la première version étymologique, qu'on nous transmet au sujet du Colin-Maillard. Que ceux qu'elle ne contente pas, lisent la suivante ; mais qu'ils n'espèrent pas d'avance en être plus satisfaits.

Le roi de France Charles VIII avait, dit-on, pour confesseur et pour grand pénitencier de sa cour un révérend cordelier nommé le père Maillard, dans le même temps qu'il avait pour maîtresse, une jeune fille égrillarde et malicieuse qu'on appelait Camille ; or, le bon roi, forcé par le cérémonial, ne pouvait pas admettre l'une à sa table sans y inviter aussi l'autre. Pour avoir la licence de faire asseoir Camille à sa droite, il devait consentir à voir le père Maillard à sa gauche. Chaque soir, à son petit souper, il se trouvait donc ainsi entre le péché et la pénitence, ne conservant pas même, malgré son désir, le droit de pencher pour le plus aimable de ces deux convives. Tout roi très chrétien qu'il était, Charles VIII enrageait, comme bien vous pensez, et Camille pestait mieux encore. Elle ne rêvait qu'aux moyens à prendre pour écarter le père Maillard. Après longue réflexion elle vint à s'imaginer, un jour, que le meilleur expédient serait de rendre le grand pénitencier lui-même dupe des jeux qu'il troublait. Un mot lui suffit pour mettre le roi d'un complot dont il devait avoir seul tout le prix ; et le soir, après le souper, comme Camille voulait parier avec lui qu'il ne l'atteindrait pas à la course, Charles se hâta d'accepter le défi.

« Il est vrai, dit alors la malicieuse fille, qu'il ne vous sera pas difficile de m'atteindre, car vous courez mieux que moi ; mais si vous aviez les yeux clos...

— Je le veux bien encore, dit Charles, je ferai le *Colin*. »

C'est ainsi qu'on appelait déjà le patient à tous les jeux.

Et Camille sans plus attendre se mit à couvrir les yeux du roi avec son fin mouchoir de linon. Et la course commença ; mais elle fut vaine : Charles ne put jamais atteindre Camille. Voyant cela, et déjà triomphante, la matoise se mit à défier aussi le père Maillard. Le révérend s'en défendit dévotement ; mais Camille fut si pressante, le roi l'en supplia si gaîment, que le bon confesseur, sûr d'ailleurs que nulle autre personne indiscrète n'était là pour le surprendre, consentit à se laisser bander la vue et à être le *Colin* à son tour. Mais le mouchoir de Camille était à peine sur ses yeux, le cordelier n'avait pas fait deux pas en tâtonnant, que déjà les deux amants avaient disparu. Il ne vinrent même pas délivrer le pauvre père Maillard, qui continua à faire le *Colin* tout seul et à errer dans le vide. Je ne sais qui le délivra ; mais, ce qui est certain, c'est que de ce jour-là le jeu fit fureur. Il avait pour lui le scandale et l'exemple d'un roi, les deux plus sûrs moyens de réussir. Chaque fille, chaque épouse voulut y jouer. Et quoiqu'alors ce fut au mari ou au tuteur à être le *Colin*, on pensa toujours au père *Maillard*, et le jeu en prit son nom.

Il jouissait encore de la plus grande vogue au dix-septième siècle ; c'était même alors l'amusement à la mode, le jeu du grand monde. Je vous ai déjà montré le grand Gustave-Adolphe s'en égayant pendant les loisirs du camp. Eh bien ! on s'en amusait de même à Paris. *Colin-Maillard* était fêté dans les plus splendides ruelles et même à l'hôtel Rambouillet, dans le salon bleu d'Arthénice, en mémoire peut-être de la prédilection que lui avait accordée le héros favori de Julie d'Angennes, Gustave-Adolphe. C'est même pour faire honneur au jeu et flatter en même temps le goût que lui vouait la belle Julie, que Regnier-Desmarets, commensal de l'hôtel, composa sous le nom du *Colin-Maillard de Corinthe* la fable charmante dont j'ai cité plus haut les premiers vers.

Colin-Maillard n'était pas moins bien accueilli, au Luxembourg, dans les salons de Mademoiselle, fille de Gaston d'Orléans. Loret nous apprend que, *dans ce palais d'honneur où l'on se réjouissait d'importance*, on jouait surtout chaque soir

> A ce jeu plaisant et gaillard,
> Qu'on appelle *Colin-Maillard*.

Louis XIV, tout jeune alors, s'en divertissait aussi. Pendant que le peuple de Paris, ayant le cardinal de Retz en tête, s'amusait dans les rues des intrigues de la *fronde* et de sa petite guerre, faisant souhaiter à tous, comme l'a dit un chansonnier du temps :

> Qu'enfin cette fatale fronde
> Ne fut plus qu'un jeu d'enfant

le jeune roi, tout aussi futile que son peuple, jouait à Colin-Maillard dans son palais menacé. Un jour qu'il s'en amusait chez Mme de Puisieux, il mit son cordon bleu autour de Puisieux pour mieux se déguiser, et plus tard, au dire de Saint-Simon, cela suffit pour le faire créer chevalier des ordres. Le roi lui accorda, par un caprice de sa faveur, ce titre dont le hasard du jeu lui avait fait involontairement décerner les insignes.

Pour Puisieux, enfin, la fortune avait pris le bandeau de *Colin-Maillard.*

Sous Louis XV, le jeu perdit un peu de son crédit. Mme de Pompadour lui refusa sa faveur ; elle descendait des Colin-Poisson et elle craignait toujours la malencontreuse allusion que le jeu pouvait faire naître. Le généalogiste d'Hozier la lui avait trop bien fait sentir un jour, pour qu'elle ne la craignît pas toute sa vie. Elle avait chargé ce grand maître du blason de lui établir une généalogie d'aussi loin qu'il pourrait, et d'Hozier, qui était devenu orgueilleux à force de servir l'orgueil des autres, lui avait répondu du ton le plus mordant : « Il est impossible de vous satisfaire, Madame, j'ai cherché vainement ; les deux plus anciennes familles de Colin que je connaisse, sont celles des *Colin-Maillard* et des *Colin-Tampon.* Quand à celle des Colin-Poisson, je n'en ai pu trouver la moindre trace. » Vous avouerez qu'il y avait là de quoi discréditer à tout jamais d'Hozier et ce pauvre *Colin-Maillard.* Il reprit pourtant faveur, sous Mme du Barry ; et plus d'une fois il reconquit tous ses honneurs sous les charmilles de Luciennes ; les chevaliers de l'ordre, le roi lui-même et l'abbé Meaupou en simarre, se mêlèrent souvent alors aux plus bruyantes parties de ce jeu.

Maintenant *Colin-Maillard* est dédaigné comme tous les autres amusements un peu gais ; on est trop grave, je l'ai dit, pour se souvenir de ce pauvre aveugle, on est trop clairvoyant pour songer à le remettre en crédit ; on le renvoie aux vieilles chroniques, et on ne pense pas, qu'aujourd'hui pourtant, il pourrait avoir encore, comme en ces temps de mythologique mémoire, trois grandes puissances, l'amour, la fortune et la justice, pour partager son aveuglement.

Le jeu des *barres* n'est pas moins déchu ; on le met en oubli comme la guerre, dont on nous a tant de fois répété qu'il était l'image, et on ne lui tient compte ni de cette ressemblance, ni de ses autres titres de vieille noblesse ; car, lui aussi, il nous vient des anciens ; on le trouve chez les Grecs sous le nom d'*ostrachynda*, presque en tout semblable à celui qu'on joue aujourd'hui. Il ne lui manquait alors ni sa double bande des joueurs, ni le patient ou prisonnier qu'on appelait *onos* (âne) et qu'on faisait asseoir avec défense de jouer. Eustathe, Suidas, Phædon, Arrien, Platon-le-comique et même Platon le divin philosophe, nous parle de ce jeu de *l'ostrachynda* dont s'amusaient les enfants d'Athènes. Notre jeu de *barres*, qui en dérive évidemment, est seulement un peu plus compliqué. C'est qu'il a suivi les progrès de notre stratégie, si chargée de combinaisons, quand on la compare surtout aux simples manœuvres des Grecs.

Au moyen âge, *les barres* était un jeu fort répandu : c'était l'exercice de l'après dînée ; on s'en amusait dans les parcs des châteaux, dans les préaux des monastères, et on le jouait comme aujourd'hui. On va le voir par la description que Nicot, auteur du quinzième siècle, nous en a laissé : « Ce jeu, dit-il, se joue par deux bandes, l'une front à front de l'autre et en pleine campagne, saillant de leurs rangs les uns sur les autres, file à file pour tascher de se prendre prisonniers, là où le premier qui attaque l'escarmouche est sous les barres de la bande opposite qui sort sur lui et cestuy, sur les barres de celui qui de l'autre par saut en campagne sur lui, et ainsi les uns sur les autres, tant que les autres troupes soient entièrement mêlées. Ayant par adventure tel jeu prins tel nom parce que telles bandes, étaient retenues de barrières qu'on ouvrait quand il était proclamé qu'on laissa courir les vaillans joueurs que les latins appellent *Carceres.* »

Dans le même temps que Nicot écrivait, un autre auteur, Jean Lemaire de Belges disait que le peuple de Belgique était fort adonné au jeu des barres.

En Italie, cet amusement est même encore fort en honneur ; les jeunes gens des plus nobles familles ne dédaignent pas de s'y exercer et d'attacher même de l'importance aux succès qu'on y remporte. A Gênes la révolution du 17 mai 1797 qui anéantit le parti français, commença par une partie de barres. Ce jeu, l'image des combats, devait donc être ainsi le prélude d'une guerre véritable. Voici ce qu'on lit à ce sujet dans la *Revue des Deux-Mondes* du mois de Décembre 1829.

« Depuis quelque jours, des jeunes gens des principales familles de Gênes se réunissaient dans l'après-midi sur la place de *l'Aqua Vola*, située près des remparts, hors de la ville, et jouaient aux barres : ils avaient annoncé une grande partie pour le 17 mai, de laquelle devraient être plusieurs Français ; on distinguait parmi les acteurs le jeune prince Santa-Croce, expulsé de Rome pour avoir manifesté, disait-on, un grand attachement aux idées de liberté.

« Bientôt le bruit se répandit dans Gênes que sous prétexte de jouer aux *barres*, ces jeunes gens voulaient simuler une lutte entre le parti royaliste et le parti républicain, dont le résultat serait le triomphe de ce dernier et le couronnement de son chef.

« Quelque dénué de vraisemblance, quelque absurde que fût un projet de cette nature, il s'y trouva des têtes exaltées qui y crurent ; une foule de jeunes gens se réunirent en conséquence pour empêcher la partie de barres ; ils s'arment de sabres, de pistolets, de fusils de chasse et se rendent les premiers à l'Aqua-Vola ; ils occupent la place du jeu de barres et établissent une partie de ballon. Les acteurs du jeu de barres arrivent, et quoiqu'ils voient la place prise, ils veulent établir leur camp ; ils étendent d'un côté un ruban bleu et de l'autre un ruban rouge, et plantent des drapeaux en pavillons de même couleur. Les joueurs de ballons se précipitent sur eux, arrachent les rubans, les drapeaux et on se bat. Les joueurs de barres qui se trouvaient en petit nombre, n'étant pas encore tous réunis, se sauvent par la porte d'Acqua-Vola, les autres les poursuivent, la garde de la porte s'oppose aux agresseurs, ils veulent la forcer, blessent mortellement un soldat, et pénètrent dans la ville. Cependant deux d'entre eux, un nommé Wola-Bella et un autre Génois sont arrêtés et conduits à la tour ; les autres craignant le même sort, quittent Gènes.

Cet événement fit une vive sensation et produisit la plus grande fermentation parmi les parents et les amis des jeunes gens arrêtés ou de ceux qui se trouvaient en fuite. La révolution s'en suivit.

Une des plus fameuses parties de *barres* que je puisse citer après celle-ci, est celle que l'empereur Napoléon joua lui-même peu de temps avant le sacre.

Un soir qu'il se trouvait à Saint-Cloud dans le cercle de Joséphine, on vint à parler des jeux. Napoléon vanta les barres. — C'était naturel, tout exercice guerrier étant de sa compétence, — et tout de suite il proposa d'y jouer dans le parc. Toute proposition de sa part était un ordre ; aussi, quoique la nuit fût fort noire, on se hâta d'organiser la partie. Une vingtaine de flambeaux furent allumés et des valets de pied durent les porter pour illuminer la scène. On commença à courir. Mais les flammes éclairaient mal ou s'éteignaient en courant après les joueurs qui se cassaient le nez contre les arbres du parc, comme à une partie de Colin-Maillard.

Ce sont là jeu de princes, eût dit La Fontaine à chaque casse-cou. — La partie n'était régularisée que du côté où couraient Napoléon et Joséphine. Les flambeaux n'avaient garde d'y faire mal leur office. A un moment Joséphine, qui était très svelte alors et très élancée, parvint à attraper l'empereur par son habit en lui criant : « Tu es prisonnier. » Napoléon frémit involontairement, il fit même un mouvement si violent qu'il s'échappe en disant : « Moi prisonnier ! jamais, de qui que ce soit ! »

Il ne savait pas lire dans l'avenir, ajoute Mlle Lenormand, qui raconte cette aventure dans une note de ses mémoires.

CHAPITRE VIII

Histoire du Jeu de Mail et du Billard (1)

Le *mail* est un jeu complètement perdu dans nos contrées, on l'a oublié même dans les campagnes, où il avait de si belles places et des joueurs si vigoureux ; on ne le connaît plus dans les parcs seigneuriaux où l'espace qu'occupait autrefois son arène forme encore de si belles pelouses, des terrasses si gazonneuses, mais dont les maîtres trop préoccupés daignent à peine vouer un souvenir à cette noble récréation de leurs ancêtres. Dans les villes de province, le *mail* n'est pas moins méconnu, on ne se rappelle que son nom donné le plus

---

Voyez les *divertissements innocents contenant les règles du jeu des échecs, du billard, de la paume, du palle-mail et du tric-trac*. La Haye 1696, petit in-12. — *F.-M.*

souvent aux belles promenades qui occupent sa place au dedans ou au dehors des murs. « Le mail était un jeu de nos grands-pères, disent les plus anciens vieillards aux petits enfants qui les interrogent, ils y jouaient où vous courez. » Et les enfants n'en demandent pas davantage. Sans s'en douter, ils en savent plus long que les vieillards sur cet amusement oublié. Leur jeu de la *crosse* n'est autre, en effet, que celui du *mail* ramené à de plus modestes proportions. Une crosse, simple bâton recourbé, y remplace le *mail* ou *maillet*, long bâton de cormier qui dans le grand jeu servait à lancer la balle de buis à de longues distances. Une pierre arrondie, ou une balle d'étoupes sont aussi les seuls projectiles que se permettent les enfants. Autrement et sauf quelques complications au-dessus de leur intelligence ou de leurs forces, le jeu de la crosse est tout-à-fait le même que celui du *mail*.

Voilà à quel point de décadence est arrivé cet amusement que nos pères aimaient à l'égal de la *paume*, et que plusieurs de nos rois lui préféraient même. Chaque ville voulait avoir son *mail*. Voyez Orléans, Blois, Tours,

Agen, voyez Paris même. Jusqu'en 1633, il y eut un magnifique jeu de *mail* tout proche des anciens remparts et du terrain des *Burelles* entre les faubourgs Montmartre et Saint-Honoré, dans l'endroit qu'occupèrent ensuite le couvent des Carmes déchaussés, et la rue qui conserve encore aujourd'hui le nom de rue du *Mail*. L'emplacement de ce jeu avait plus d'un arpent et demi ; et Tavernier le figure, dans son plan de Paris, entouré d'arbres et de palissades. En 1600, il y avait un autre *mail* à l'île St Louis, au quai des Ormes, tout près du vaste préau où s'éleva depuis l'hôtel Bretonvilliers. Ce jeu n'était hanté que par les plus nobles joueurs et les gens du bel air ; Henri IV daigna même souvent y faire sa partie les jours qu'il revenait de voir Sully à l'Arsenal. Le bon roi aimait beaucoup le *mail*. Celui qu'il avait fait établir à St Germain pour son amusement particulier était des plus beaux de France. On montre encore à Fontainebleau, au delà de l'allée de Maintenon, l'enceinte de celui où il jouait. C'est maintenant une promenade où les cicérones vous conduisent et vous arrêtent en vous disant : « Voilà le *Mail*, messieurs ; c'est l'endroit où S. M. Henri IV jouait à la boule ! »

Dans le midi de la France, ce jeu était plus estimé encore qu'à Paris ; c'est que là sans doute il se trouvait mieux régénéré chez les descendants des Phéniciens et de ces Phocéens qui durent l'apporter dans les Gaules ; il se rapprochait plus de l'Orient d'où, selon moi, il doit tirer son origine, à l'exemple de nos autres exercices et de nos jeux les plus nobles.

On se rappelle peut-être à son sujet un des premiers et aussi des plus excellents apologues des *mille et une nuits*. Il est parlé d'un prince grec qui n'ayant jamais pu être guéri de la lèpre, quelque remède qu'il employât, en fut enfin délivré par un long exercice du jeu de *Mail*. Son médecin, en homme habile et pour flatter la médecine en même temps que l'esprit du prince qui ne se serait jamais imaginé qu'un jeu pouvait seul le guérir, feignit d'y joindre un autre remède ; il choisit un mail dur et pesant, en creusa le manche et introduisit certaine drogue qu'il avait d'avance déclarée souveraine. Il accommoda de même la boule la plus lourde qu'il put trouver, et le lendemain il dit au roi : « Tenez, exercez-vous avec ce mail ; poussez vigoureusement cette boule ; quand vous sentirez votre main et votre corps ruisselants de sueur, le remède agira. » Et il en fut ainsi ; après un mois de rude exercice, la lèpre disparut. La drogue en eut tout l'honneur sans doute ; c'était le mail pourtant qui avait été le seul talisman.

En France, au moyen âge, on reconnaissait tout le prix de ce noble jeu, et on s'y livrait avec la même ardeur qu'autrefois à la paume ou au disque dans les palestres grecques. Mais c'est à Lyon que brillaient les plus habiles joueurs. Tous les mails de France le cédaient en réputation au mail des Lyonnais à la Bella Cura.

Quand Henri II passa par Lyon, le premier divertissement qu'on lui donna fut une partie de mail dans cette vaste arène. La Bella Cura était une prairie oblongue et verdoyante au milieu de laquelle s'applanissait l'aire immense du jeu que de hauts peupliers entouraient d'une verte colonnade. Deux berceaux de tilleuls couronnaient les extrémités de cette longue esplanade. Le trône de Henri II et les riches gradins réservés à sa cour furent placés sous l'un de ces dômes de verdures, et l'autre dut abriter sous un ombrage odorant, l'amphithéâtre dressé pour les dames de Lyon. De légers mails de bois d'iris où des viroles d'argent remplaçaient à chaque bout les durs anneaux de fer, se dressaient en faisceaux auprès des dames qui voudraient prendre part au jeu.

Sur les deux côtés de la lice se groupaient deux bandes de jeunes Lyonnais, vêtus de riches *tabards* et d'écharpes aux livrées de leurs dames, comme pour un tournoi chevaleresque.

L'heure du jeu sonna, et le roi lui-même descendant les gradins, vint en donner le signal en ouvrant une *passe*.

Alors on vit tous les joueurs choisir des *mails* assortis à leur taille, et d'un poids en harmonie avec leurs forces ; et bientôt, tout prêts pour le second signal, appuyés d'une main sur leur *mail*, le talon fixé auprès de la boule en buis des Alpes qu'ils allaient faire voler, ils attendirent que les parties commençassent enfin. Le terrain avait été mesuré en tous sens par les plus expérimentés, et au dernier signal, la boule, lancée sur cette libre arène et sifflant dans l'air, fila dans la direction de *l'archet* ou petit arc saillant vers le centre de l'esplanade.

Suivant les exigences du jeu, les joueurs changèrent successivement de *mails*, maniant avec une égale habileté le *voguet* ou le *tabacon*, selon les coups engagés dans le *rouet*, la *partie* ou la *chicane* ; la cour jugeait des *passes* et applaudissait aux vainqueurs.

Les dames de Lyon elles-mêmes ne prenaient part au jeu que par les bravos fréquents et unanimes dont elles récompensaient les plus habiles ; mais elles laissaient oisifs tous ces *mails* de parade qu'on avait disposés auprès d'elles. Une seule descendit dans la lice, comme elle allait se fermer, et au grand étonnement de tous, saisissant un *mail*, non parmi ceux d'iris à viroles d'argent, mais un *mail* du plus dur cormier, se mit à défier les vainqueurs qui se retiraient déjà, faute de nouveaux concurrents. Or cette joueuse si hardie, c'était Louise Charly Labbé, la *belle cordière*. Et quand on l'eut reconnue à sa démarche assurée, quoique modeste, à son regard ardent, mais chaste et imposant, la surprise cessa, et il se fit un nouveau silence. Tout le monde savait en effet ce que valait cette fière amazone : nul n'ignorait dans Lyon que Louise Labbé, ambitieuse de toutes les gloires, avait autrefois revêtu l'habit de soldat lansquenet, et avait suivi son père à l'armée, et que, sous le nom de *Loys*, elle s'était distinguée par son courage au siège de Perpignan ; on savait aussi, et ce nouveau renom ne nuisait pas à l'autre, que, sensible de cœur autant que robuste de corps, elle soupirait les vers les plus mélodieux que jamais bouche de femme eût dédiés à l'amour. Pour être en champ clos la rude compagne des plus valeureux champions, Louise n'était pas moins l'émule de Marguerite de Navarre, de Taillie, d'Aragon, de Gaspara de Padoue, de Clarice de Médicis et de toutes ces nobles dames que la gloire poétique tentait alors. Les vœux enthousiastes des Lyonnais intéressant leur honneur à sa renommée, aimaient donc à suivre la *Belle Cordière* dans cette double arène de combats et de gaie science. Pendant que les vieux soldats, les chevaliers et les matrones parlaient tout haut de sa vigueur belliqueuse, les jeunes filles repassaient peut-être tout bas ce sonnet de Louise, où le tourment d'aimer est raconté dans un langage si brûlant et si vif à la fois :

> Je vis, je meurs, je me brûle et me noye ;
> J'ai chaud extresme en endurant froidure ;
> La vie m'est pas trop molle et trop dure ;
> J'ai grans ennuis entremeslez de joye.
> Tout à coup je vis et me larmoye ;
> Et en plaisir maint grief tourment j'endure ;
> Mon bien s'cen va et à jamais il dure :
> Tout en un coup, je seiche et je verdoye.
> Ainsi amour inconstamment me meine,
> Et quand je pense avoir plus de douleur,
> Sans y penser je me trenne hors de peine.
> Puis quand je croye ma joie estre certaine,
> Et estre au haut de mon désiré heur,
> Il me remet en premier malheur.

Louise Labbé, femme, poète et guerrière, réunissait donc toutes les sympathies ; et quand elle parut dans la lice du *Mail*, elle pouvait être sûre des vœux de tout le monde. Son adresse et sa vigueur ne les démentirent pas ; elles donnèrent raison à sa témérité. *La belle Cordière* l'emporta successivement sur les plus habiles joueurs, et elle eut à elle seule le gain de toute la journée. Alors éclatèrent de bruyantes acclamations auxquelles un murmure approbateur avait préludé pendant tout le temps du combat et dont aucun sentiment jaloux n'altérait l'unanimité. Tout le monde était pour Louise, même les vaincus qui, par courtoisie, semblaient fiers encore de n'avoir cédé que devant elle.

Henri II, qui avait vu devant Perpignan la belle conduite de Louise Labbé en des joutes plus terribles, disait aux nobles dames qui s'émerveillaient auprès de lui : « Si l'on n'était charmé par sa beauté, on regretterait vraiment de ne plus lui voir porter la lance ; la bannière de France compterait un brave chevalier de plus. »

On conçoit qu'avec de pareils joueurs, de tels juges, *le Mail* fut un noble jeu et qu'il dut continuer d'être ainsi en honneur pendant plusieurs siècles. Sous Henri IV, comme je l'ai déjà dit, et pendant le règne de Louis XIII, c'était encore le jeu favori des grands. A cette époque on n'avait garde encore d'oublier dans chaque jardin public, ou chaque parc nouveau, un vaste espace pour les joueurs de *mail*. Quand Richelieu bâtit le Palais-Royal, il réserva, pour cet exercice l'allée de marronniers qu'il établit tout autour du jardin, et c'est là que Louis XIV enfant, peu satisfait de l'étroit espace qu'on lui avait laissé dans l'endroit où est aujourd'hui la cour des Fontaines, vint faire ses premières armes de bon joueur de *mail* en regardant faire les plus habiles. Il garda toujours par la suite un goût très décidé pour ce jeu. « Les jours de mauvais temps, nous dit Saint-Simon, il s'amusait souvent à Fontainebleau à voir jouer les grands joueurs à la paume, où il avait excellé autrefois; et à Marly, très souvent, à voir jouer au mail, où il avait été aussi très adroit. » Pendant la guerre de Hollande, se trouvant à Utrecht, il fut si frappé de la beauté du jeu de mail de cette ville qui passait pour le plus remarquable de l'Europe, qu'en amateur enthousiaste, il fit changer le plan de quelques fortifications qui devaient empiéter sur le terrain du jeu.

Mais à cette époque, Louis XIV se contentait d'admirer; il ne jouait plus. Le *mail* était un exercice trop violent pour ses mains royales; et puis il eût fallu, pour s'y livrer, s'exposer en plein air aux regards de tout le monde, et depuis certains vers bien connus de *Britannicus*, sa dignité le lui défendait. Mais on a bientôt tout concilié à la cour, quand il s'agit d'amuser un roi. On chercha donc un jeu qui pût, en satisfaisant les goûts de Louis XIV, ne point contrarier les exigences de son rang. On inventa le *billard*, qui dérive directement du jeu de *mail*. Le savant M. de Paulmy nous est garant de cette origine : « Le billard, nous dit-il dans *ses mélanges tirés d'une grande bibliothèque*, n'est autre chose qu'un mail en chambre. » L'auteur plus ancien d'un livre assez rare publié en 1668, c'est-à-dire peu de temps avant l'invention du billard, nous dit expressément : « C'est une espèce de jeu de *mail ou palmail*, sur une table tendue d'un tapis, où les boules, au lieu d'être poussées dans la même direction par un *maillet*, sont poussées l'une contre l'autre par le bout d'un bâton appelé *billard*. » Ce mot, du reste, n'était pas nouveau dans la langue ; on l'employait même, je crois, pour désigner un des bâtons du jeu de mail. Ainsi notre vieux Villon lègue entre autres choses dans son petit Testament :

Et un *billard* de quoi on crosse.

Devenu, de cette façon, un jeu d'appartement, le *mail*, que je n'appellerai plus que le *billard*, plut infiniment à Louis XIV ; il en fit dresser un magnifique à Versailles, dans une chambre choisie exprès, et qu'on montre encore auprès de la chapelle et de la tour de marbre. —. Ce fut depuis l'atelier de Mignard.

C'est là que presque tous les soirs d'hiver Louis XIV s'amusait de ce jeu, dont, au dire de Saint-Simon, le goût dura fort longtemps. MM. de Vendôme, de Villeroy et de Grammont étaient ses partenaires. Mais, tous brouillons, ou flatteurs, et partant joueurs mal habiles, ils finirent par le fatiguer à force de le laisser gagner ; et las de vaincre, le grand roi en fut réduit pour s'amuser à demander avec instance quelqu'un qui le fît perdre. C'était chose difficile à trouver, d'autant que les joueurs n'étaient pas nombreux ; il n'y en avait que quelques-uns à Paris, et parmi ceux-là un conseiller au parlement, nommé Chamillard, passait pour être le plus habile. A un voyage qu'il fit à Paris, Grammont le vit jouer, joua même avec lui, et perdit si souvent qu'il en fut ravi : « Voilà l'homme du roi, se dit-il », et de retour à Versailles, il n'eut rien de plus pressé que d'en parler à Louis XIV. Dès le lendemain, Chamillard fut mandé à la cour et installé devant le billard pour faire la partie du roi ; il s'y conduisit à merveille, joua avec grâce et sang-froid, et gagna ou perdit sans morgue comme sans bassesse. Il plut à tout le monde ; Grammont, qui l'avait introduit, l'embrassait avec enthousiasme après chaque partie, surtout quand il gagnait, car il n'était pas flatteur ; MM. de Vendôme et de Villeroy, qui se trouvaient ainsi délivrés de la corvée du jeu royal, prirent de même Chamillard en amitié et en protection. « Enfin, dit Saint-Simon, il se trouva protégé a l'envi, au lieu d'être moqué, comme il arrive à un nouveau venu inconnu et de la ville. »

La fortune de Chamillard était faite ; de ce jour-là le roi ne put se passer de lui, et il exigea qu'il vînt faire sa partie tous les soirs. C'était une fatigue, un voyage continuel pour Chamillard, qui devait se trouver aussi tous les matins au palais, à Paris, passant presque sans transition du billard au tribunal, et coup sur coup gagnant la partie du roi et perdant la cause de ses clients. Mais il se conduisit si bien en cela, que tout s'arrangea. Après une partie où le roi fut plus content de lui que jamais, il le fit maître des requêtes ; et un autre jour, comme Chamillard venait de faire à plusieurs reprises et toujours avec le même bonheur, un carambolage reconnu impossible par toute la cour, mais que nos grands joueurs d'aujourd'hui renverraient aux jeux des enfants, Louis XIV, plein d'enthousiasme, lui accorda un logement au château, « chose fort extraordinaire pour un homme comme lui, et même unique, dit Saint-Simon. »

De là Chamillard ne dut pas s'arrêter ; il devint successivement intendant de Rouen, puis intendant des finances, administrateur des revenus de Mme de Maintenon et de toutes les affaires temporelles de St-Cyr, et *contrôleur général des finances* ; enfin, pour couronner l'œuvre du billard, *ministre de la guerre*. Le duc de Luynes avait bien été fait ministre et connétable de France, pour avoir élevé des pies-grièches pour Louis XIII enfant ! C'était là vraiment le règne du bon plaisir. Chamillard fit des fautes, comme les gens sensés s'y étaient attendus ; et quand il mourut, on le chansonna dans cette épitaphe :

> Ci-git le fameux Chamillard
> De son roi le protonotaire,
> Qui fut un héros au billard,
> Un zéro dans le Ministère.

Le jeu qui avait fait la fortune de Chamillard, et qu'en revanche il avait mis en vogue, s'était répandu dans le grand monde à Paris ; on quittait le noble jeu du *mail* pour ne plus s'occuper que du *noble jeu de billard,* qui se trouvait hériter ainsi des titres de son prédécesseur. On fabriquait des billards de toutes tailles, de toutes formes, et avec plus de complications qu'aujourd'hui ; il y en avait à dix blouses et à rebord de bois nu, d'autres à deux *passes*, ou simplement à une *passe* et une fiche avec des grelots. La *passe* rappelait l'*archet* du jeu de mail et consistait en une rondelle de fer qu'on plaçait vers le haut aux deux tiers de la table. La Fontaine, qui se piquait d'être fort à ce jeu, envoya dans ce temps là à Mme de Lafayette, son amie, un petit billard avec ces vers :

Ce billard est petit, ne t'en prive pas moins :
Je prouverai par bons témoins

Qu'autrefois Vénus en fit faire
Un tout semblable pour son fils.
Ce plaisir occupait les amours et les Ris,
Tout le peuple enfin de Cythère.
Au joli jeu d'aimer je pourrais aisément
Comparer après tout ce divertissement,
Et donner au billard un sens allégorique.
Le but est un cœur fier, la bille un pauvre amant;
La passe et les billards c'est ce que l'on pratique
Pour toucher au plus tôt l'objet de son amour;
Les blouses ce sont maint périlleux détour,
Force pas dangereux, où souvent de soi-même,
On s'en va se précipiter,
Où souvent un rival s'en vient nous y jeter
Par adresse ou par stratagème.

Voilà le jeu décrit; on voit qu'il ne différait guère du nôtre. De Paris le *billard* passa en province, où il ne tarda pas à s'impatroniser; à Lyon surtout où il finit par remplacer tout-à-fait le *mail*, et où, à l'exemple de cet exercice si fameux autrefois dans cette ville, il compte encore les plus habiles joueurs de France. Le *billard* avait une origine trop royale, pour ne pas être admis de même dans tous les palais et châteaux de prince. Le Palais-Royal ne récusa pas un jeu inventé à la cour de Versailles. Aussi, dès la régence, on y vit une salle de billard. Le duc d'Orléans, père du roi Louis-Philippe, était même si grand amateur de ce jeu, qu'il fit faire pour le Palais-Royal un billard de quatorze pieds de long tout en marbre. Au plus léger choc, la bille partait et ne s'arrêtait plus ; ce billard ne pouvait donc être qu'un objet de curiosité. On le voyait encore il y a une trentaine d'années chez un marbrier du boulevard des Invalides. C'est sans doute à son imitation qu'on fit à Londres, il y a vingt ans environ, un billard d'une seule pièce en fer fondu.

Je ne saurais trop dire quand les billards s'introduisirent dans les cafés de Paris. Le premier établissement de ce genre qui en posséda fut, je crois pourtant, le café de la veuve Laurent dans la rue Dauphine. C'est là que se réunissaient, vers le milieu du dix-huitième, tous les plus habiles joueurs, entre autres, le fameux chevalier de St-Georges et le célèbre violon Iarnowick, le même qui plus qu'octogénaire, mais toujours bon joueur, mourut en 1804 à St-Pétersbourg en faisant une partie de billard. C'était mourir au champ d'honneur, mais c'était mourir trop tôt ; ce pauvre Iarnowick eût dû attendre que Chereau eût inventé le fameux billard à musique de l'exposition de 1827 ; sa double passion de virtuose et de joueur eût été satisfaite et il eût été heureux de mourir en suivant de l'œil et de l'oreille la bille harmonieuse.

CHAPITRE IX

Histoire du jeu des Marelles, de la Boule et des Quilles

Le premier, et aussi le moins connu de ces jeux, les Marelles, sont pourtant celui qui, grâce à son origine antique et royale, devrait être le moins oublié. Je ne parle pas de cet amusement, tout populaire encore, auquel les enfants ont donné par altération ce même nom de *Jeu de Marelles*, et qui consiste en un carré long partagé en plusieurs cases, dans lesquelles le joueur jette successivement un palet, qu'il doit ensuite faire sortir en le poussant du pied ; ce jeu là n'est autre que le *franc du carreau* dont parle Rabelais au chapitre 22 du livre premier de son Gargantua, dont le dictionnaire de Trévoux fait aussi une description exacte, et qui, je ne sais pourquoi, a perdu son vrai nom pour prendre celui du jeu dont j'ai à parler

Le jeu des Marelles proprement dites, n'est plus connu en effet, grâce à cette usurpation, sous son nom véritable et pour bien vous le désigner, j'ai besoin de vous apprendre que ce n'est autre chose qu'un jeu de nos collèges : le *déplaçoir*. Pour celui-là vous le connaissez, j'en suis sûr, ainsi que dans toutes ses combinaisons ; vous savez que c'est un carré divisé en neuf cases placées sur trois rangs, et ainsi parallèles.

Or, ce jeu si simple auquel on gagne quand on est parvenu à placer un pion dans chaque case d'une même rangée ; ce jeu, dis-je, est celui dont l'origine antique a été le mieux avéré et le plus noblement consacré. Il nous vient en ligne droite des Phéniciens. C'était pour ce peuple un amusement sérieux, présentant à la fois une image allégorique et géographique. Le carré des *Marelles*, c'était la mer, vaste champ de conquêtes pour les navires phéniciens ; la case du centre, plus grande et mieux ornée que les autres, c'était Tyr, la ville forte et divine, et les autres cases c'étaient ses colonies symétriquement groupées autour de la métropole, et gravitant vers son centre comme les planètes du ciel autour du soleil. Partout où ils allaient, les Phéniciens portaient cette image, véritable et symbolique étendard de leur puissance. Quand ils abordèrent dans la Bétique et au pays des Basques, ils le portaient encore, et c'est là que cet emblême d'une puissance depuis si longtemps tombée, dut s'éterniser dans un coin inconnu du monde, et y survivre de vingt siècles au peuple qui l'avait créé.

Les Basques s'emparèrent d'abord de cette image, comme d'une nouveauté étrangère ; ils la respectèrent comme le blason symbolique d'un peuple qui avait apporté chez eux les richesses de l'industrie et du commerce plutôt que la tyrannie ; enfin les vaisseaux de Tyr ayant à jamais disparu de leurs côtes, les Basques n'en gardèrent pas moins le souvenir de cette figure emblématique de leur étendard. Les siècles pourtant altérèrent peu à peu le respect qu'ils lui portaient, et ils en vinrent insensiblement, et par une altération sans doute involontaire, à régler les combinaisons d'un jeu sur celles de cette image. Le jeu de *Laz-mar-ellas* (la mer des îles) fut créé. C'est le plus ancien et aussi le plus national de tous ceux dont s'amusent les Basques. Ils lui vouent une sorte de culte ; cela est si vrai, que le premier roi de Navarre qui s'empara de leur pays, crut ne pouvoir mieux flatter la nationalité des Basques qu'en armoriant dans son blason l'image du jeu des marelles. « Le roi de Navarre, dit le vieil historien Arnaud Vihénart, porte pour armes une escarboucle entourée de petits globes au médaillon *dans une mer phénicienne* d'or au cœur vert ». C'est bien là le dessin d'une *marelle*, l'escarboucle et les médaillons remplaçant seulement sur le blason les différentes cases du jeu. Le nom de *mer phénicienne* confirme bien aussi l'étymologie énoncée plus haut : laz-marellas (la mer des îles.)

Voilà donc les *Marelles* bien et dûment reconnues pour être des armes royales. A ce titre, elles ont figuré sur le blason de nos rois qui, comme on sait, s'intitulaient, depuis Henri IV, rois de France et de Navarre. Marcher ainsi de pair avec l'écu de France, aux trois fleurs de lys d'or en champ d'azur, serait pour quoi que ce soit le plus haut degré de noblesse ; il ne reste donc plus rien à dire pour prouver celle du jeu des *Marelles*. Pour parler seulement encore de son ancienneté, je dirai que ce genre d'amusement était aussi passé de Phénicie en Grèce et à Rome : Ovide le conseille aux dames romaines qui voudront se distraire des peines de l'amour, et il le décrit ainsi :

Parva tabella capit ternos utrinque lapillos,
In qua vicisse est continuasse suos.

C'est encore là tout le jeu des Marelles qui, comme vous le voyez, avait droit de plus d'une manière à une réhabilitation qu'on lui refuse.

Un amusement bien plus répandu, quoiqu'il ne figure, je pense, dans aucun blason royal, c'est le jeu de *quilles* ; il il ne date pas des anciens, il n'a son pareil ni chez les Grecs, ni chez les Romains ; il est tout national, enfin, et c'est pour cela sans doute qu'il est populaire. Son origine ne remonte pas plus haut que le XIIe siècle. Son nom qui vient du vieux mot celtique *squil* (éclat de bois) prouve du reste qu'on peut attribuer au moyen âge son invention, aussi bien que son appellation. Marot est peut-être le plus ancien de nos poètes qui ait parlé de ce jeu dans ces vers où il y fait allusion :

>Mort est un jeu pire qu'aux quilles,
>Ni qu'aux échecs, ni qu'au quillard ;
>A ce méchant jeu Coquillard
>Perdit sa vie et ses coquilles.

Après lui Rabelais en a parlé, ainsi que Brantôme qui y fait jouer deux galantes princesses ; c'est là un premier degré d'anoblissement pour le jeu des quilles ; le goût que plusieurs hommes célèbres manifestèrent au XVIIe siècle fit le reste, et il sortit enfin de roture. Nous avons déjà vu quels étaient ces hommes qui lui accordèrent la faveur de leurs loisirs, et on se prend malgré un dédain naturel à estimer ce jeu vulgaire, quand on pense que ces hommes, à qui il savait si bien plaire, ne sont autres que Boileau, Malesherbes et Catinat. Palaprat, ami et partenaire ordinaire de ce dernier, aimait, comme je l'ai déjà montré aussi, à le flatter dans le goût très prononcé qu'il avait pour ce jeu. Un jour qu'il était à Saint-Gatien, on apprend que les Allemands, fiers d'avoir enfin surpris la victoire à Hœschtadt, venaient d'élever une colonne honorifique sur le champ de bataille.

— Les voilà bien pressés, dit Catinat, qui à ce moment alignait les quilles sur le sable.

— Ils agissent en vainqueurs qui n'ont pas l'habitude de l'être, ajouta Croizilles, son frère.

— Ah! si nous eussions été là, dit Palaprat, à son tour.

— C'est vrai, dit Catinat, et d'un seul coup il abattit toutes les quilles.

Palaprat courut les redresser, puis se relevant d'un air digne :

— Savez-vous, s'écria-t-il, ce qu'il faudrait écrire à messieurs les Impériaux à propos de leur belle colonne ? Ces braves quilles viennent de me l'inspirer, écoutez plutôt ; et avec son accent languedocien et son air fanfaron, Palaprat entonna ce couplet :

> Cadédis, maudit qui t'a fait,
> Risible monument d'Hoschstœdt.
> Ah! si pour pareilles vétilles,
> Bataille, assaut, prise de villes,
> Louis, ce héros si parfait
> Eût fait dresser autant de piles,
> Le pays ennemi serait un jeu de quilles.

Puis il ajouta : « Les premières du jeu, M. de Catinat, seraient les colonnes qui sont encore à élever sur vos beaux champs de victoire de Marsailles et de Ramillies. »

— Bravo, dit Croizilles, voilà une bonne idée et un joli couplet.

Catinat se contenta de sourire, et il continua la partie.

Un autre général, Frédéric de Prusse, attachait de l'importance à ce jeu. Il aimait à y avoir du bonheur, car il croyait à la fatalité de ce qu'on appelle la *chance*, et il disait : « L'essentiel est d'être heureux, même en jouant aux quilles. »

Hume, l'historien, qui, comme tous les grands hommes, était sans doute expert aussi en cette sorte d'amusement, en fit un jour l'objet d'une de ses plus spirituelles comparaisons : « Lorsque je vois, dit-il, les rois et les Etats se combattre au milieu de leurs dettes et de leurs engagements, je m'imagine voir une partie de quilles dans la boutique d'un marchand de porcelaines. »

Un jeu qui peut procurer à l'histoire de si judicieux aperçus, par comparaison, méritait bien d'être célébré par les poètes. Delille n'a donc pas dédaigné de le décrire, et nos derniers mots seront même les quelques vers qu'il lui a consacrés:

> Un bois roulant de la main qui le guide
> S'élance, cherche, atteint dans sa course rapide,
> Ces cônes alignés qu'il renverse en son cours,
> Et qui toujours tombant se relèvent toujours.

Un jeu qui dépend évidemment de celui des *quilles*, c'est le *siam*, amusement favori des invalides, et qui s'est impatronisé sur leur esplanade dès le règne de Louis XIV, à l'époque où les ambassadeurs du roi de *Siam* vinrent régénérer chez nous cet amusement et lui donner le nom qu'il porte encore. Vous connaissez ce jeu, sans nul doute, vous savez avec quelle justesse de coup d'œil il faut étudier le terrain et mesurer le jet du *siam*, sorte de disque d'un bois fort dur et taillé en biseau, qui, roulant sur son talus, fait plusieurs fois le tour des quilles, avant de les atteindre et de les abattre.

Il faut là plus d'adresse qu'à la plupart de nos autres jeux et particulièrement à celui des *Boules* qui a pourtant la prétention d'être fort ancien et d'avoir donné son nom à nos boulevards. Mais cette étymologie est mal fondée, et Roubaud en a donné une plus digne en faisant dériver ce mot *boulevard* non plus de *boule sur le var* (gazon) mais bien de *bol* (élévation, en celtique) et *Ward*, garde.

Le jeu des *boules* fut introduit dans nos jardins à la fin du XVIII° siècle, époque où la manie des parterres anglais fit fureur chez nous. Quand j'ai dit le jeu, je devrais dire seulement la place du jeu : le *boulingrin*, comme nous l'appelons, en altérant le nom et en défigurant la chose ; en effet, et Voltaire l'a fort bien prouvé, en cela comme dans la plupart de nos imitations, nous avons été de singuliers emprunteurs : « Les Anglais, dit-il à ce propos, appellent leur jeu de boule *bowling-green* (*bowl* boule, et *green* gazon), et nous, sans connaître la force du mot, nous avons nommé *boulingrins*, les parterres de gazon de nos jardins. »

Voilà donc encore un mot dépaysé, défiguré et qui n'a plus de sens chez nous. Pour bien comprendre ce qu'il veut dire chez les Anglais, à qui nous l'avons pris, il nous faudra ajouter à ce que dit Voltaire, cette autre description qu'on trouve dans les mémoires d'Hamilton :

« Le jeu de boule, en Angleterre, dit-il, n'est d'usage que dans les belles saisons, et les lieux où on le joue sont des promenades délicieuses. On les appelle *boulingrins*; ce sont de petits prés en carré, dont le gazon n'est guère moins uni que le tapis d'un billard. »

A Paris on n'use pas de tant de cérémonie avec le jeu de boule ; c'est une récréation de taverne, un amusement d'ouvriers, et comme tel il a souvent affaire à de rudes gens ; témoin cette aventure qu'on raconte de Turenne : « Il se promenait un jour sur les boulevards de Paris, seul et sans aucune marque de distinction. Il passa près d'une compagnie d'artisans qui jouaient à la boule, et il s'arrêta pour les regarder. Survint un coup difficile qui mit toute la bande en émoi et en contestation. Le vicomte, spectateur désintéressé, fut pris pour juge. Il y consentit sans façon, mit un genou en terre, mesura les distances avec sa canne et prononça. Celui contre qui il avait décidé, se fâcha, au point de lui dire quelques injures. Turenne ne dit rien, et croyant même s'être trompé, il se remettait bonnement à mesurer une seconde fois, quand des officiers qui le cherchaient l'abordèrent, témoignant leur surprise de trouver monseigneur dans cette posture. Ce mot ouvrit les yeux aux joueurs, et celui qui l'avait injurié se jeta aux pieds de Turenne : « Ah ! si j'avais su, disait-il, en implorant son pardon, si j'avais su que c'était vous, monseigneur. »

« — Eh ! mon ami, dit Turenne en le relevant, vous deviez être poli envers qui que ce fut, et surtout à l'égard d'un juge que vous aviez choisi, et qui, croyez-moi, ne voulait pas vous tromper. »

CHAPITRE X

LE JEU DE PAUME

La Paume fut toujours un des exercices les plus distingués. C'était le *noble jeu* par excellence, avant que le billard eût, on ne sait pourquoi, usurpé ce beau titre au XVIIe siècle. Peut-être le prit-il parce que Louis XIV, qui ne fut jamais bon paumier, avait en grande préférence l'espèce de *mail sur table* que de son temps on commençait à appeler *billard*. Ce serait donc seulement de par le roi que ce jeu serait noble. La *paume* l'était de par l'usage de l'ancienneté, ce qui vaut mieux.

Nous ne parlerons pas de la *paume* dans l'antiquité, et cela pour une bonne raison, c'est qu'il ne nous est pas prouvé que les anciens l'aient connue. Ils avaient bien des *balles* de toutes sortes, mais rien n'indique réellement qu'ils s'en servissent comme on fait à la *paume*.

D'après ce qu'ont dit Julius Pollux, en son *Onomatiscon* (1) Plaute (2), Pétrone (3), Martial (4), et surtout Manilius, qui dans un passage de son poème de l'*Astronomie* (5) donne une description détaillée du jeu antique auquel excellaient Castor et Pollux, la *balle* des anciens était une sorte de *ballon* avec lequel on faisait des parties à trois. Celui qu'on nommait le *dator* l'envoyait, et les deux autres, les *factores*, la recevaient soit avec la main, soit avec le pied. Le ballon, dont on jouait ainsi en *trio*, s'appelait pour cela *trigonalis* (6), Il différait de l'*harpastum*, qui lui-même, par l'emploi qu'on en faisait au jeu, n'avait rien de commun avec la balle de paume. Une fois lancé, les joueurs se le disputaient, jusqu'à ce que l'un d'eux, plus fort que les autres, fût parvenu à s'en emparer. C'était le jeu que les Grecs appelaient *ourania* (7); qu'au moyen

(1) Lib. IX, chap. 7.
(2) Curculio, acte II, scène 3, vers 17.
(3) Satyrie, chap. 27.
(4) Lib. IV. Epig. 45, et Lib. VII, Epig. 32.
(5) Lib. v. vers 165 et suiv.
(6) Martial, Lib. IV, Epig. 19, et Lib. XII, Epig. 83.
(7) V. Pollux, à ce mot.

âge, chez nous, on appelait *rabotte*, et qui aujourd'hui encore se nomme *soule* dans la haute Bretagne, et *melle* dans la basse.

Tout cela, je le répète, ne ressemble guère à la *paume*. Il faut arriver au moyen âge pour trouver en pleine vigueur le noble exercice tel qu'on le connaît encore aujourd'hui. D'abord, on ne l'enferme pas entre quatre murailles, on ne le joue qu'à ciel ouvert pour que la salubrité de l'air ajoute encore à ce qu'il a de salubre. Pendant que sur les remparts des villes on dispose de longs espaces pour le *mail* et pour ces jeux de *boule* ou de *boulouard*, dont à Paris le nom s'est transmis aux *boulevards* qui les ont remplacés, on aplanit dans les parcs seigneuriaux et dans les fossés des châteaux, des terrains propres au jeu de la longue paume. Charles VIII avait encore un de ces jeux dans les fossés de son château d'Amboise. C'est en y regardant jouer qu'il fut pris du mal subit dont il mourut le même jour, vingt-septième d'avril mil quatre cent quatre-vingt-dix-huit, veille de Pâques flories, dit Comines (4) : « Il partit de la chambre de la royne Anne de Bretaigne, sa femme, et la mena avec lui pour veoir jouer à la paulme ceux qui jouoient aux fossez du chasteau, où il ne l'avoit jamais menée que cette fois, et entrèrent ensemble en une galerie qu'on appelait la galerie Haquelebac..., et s'y heurta le roi du front contre l'huis, combien qu'il fut bien petit, et puis regarda longtemps les joueurs et devisoit à tout le monde... La dernière parole qu'il prononça en devisant en santé, c'estoit qu'il dit avoir espérance de ne faire jamais péché mortel ni veniel s'il pouvoit. Et en disant cette parole, il cheut à l'envers et perdit la parole... »

A cette époque de la fin du quinzième siècle, le jeu de paume s'était transformé depuis longues années déjà. Sans abandonner les châteaux, il était venu s'ébattre dans les villes, où faute d'espaces plus vastes, on l'avait claquemuré en des salles qui, pour le mettre d'accord avec leurs proportions, l'avaient forcément réduit lui-même à des proportions moindres. La *longue paume* était ainsi devenue la *courte paume*.

Ces salles s'appelaient déjà *tripots*. Pourquoi ? je n'ai pu le savoir au juste : peut-être est-ce à cause du continuel mouvement que le jeu exige, et de l'espèce de *tripudiation*, comme on disait alors, auquel il oblige le joueur ; ou bien plutôt encore, ainsi que le pense Furetière, était-ce parce que dès l'origine ces salles furent communes aux joueurs de paume et aux bateleurs qui dansaient *(tripudiaient)* sur la corde. Quoiqu'il en soit, il y avait dès le milieu du quatorzième siècle des tripots par tout Paris. Charles V en avait un au Louvre, qui selon M. de Clarac, n'occupait pas moins de deux étages en hauteur. Il en avait un autre encore en son hôtel *du Beautreillis* (1), cette magnifique dépendance de l'hôtel Saint-Paul qui ne disparut qu'en 1552, quand la rue du même nom fut percée sur l'emplacement de ce royal séjour aux belles treilles. Ce jeu de paume, qui touchait par un bout au cimetière de l'église Saint-Paul n'avait pas moins de quatorze toises et demie de long.

Charles V se permettait, à ses loisirs, le noble *ébattement*, ce qui ne répugne en rien à son surnom de *Sage* ; mais ce qui le compromet un peu, c'est qu'au même temps où il s'en donnait le plaisir il le défendait aux autres. Au mois de

(1) Lib. VIII, chap. 18.

mai 1369, il fit un édit contre les jeux, et chose étrange, il n'oublia pas dans sa proscription la paume qu'il aimait tant ! Par bonheur les édits royaux, de même que les arrêts du Parlement, ne tiraient guère à conséquence en ce temps-là : autant en emportait le vent.

C'est, il faut le dire, contre les gens du commun que l'édit avait été particulièrement lancé. Il tendait à leur interdire les nobles jeux au profit des gentilshommes, à qui devait en appartenir le monopole exclusif. Dans les troubles qui survinrent, l'édit fut emporté avec beaucoup d'autres, et l'égalité devant la paume se trouva rétablie. En 1427, chacun a repris le droit de jouer dans les *tripots*. Profitant de la terrible impunité qu'apportent les temps de révolution, les gens de Paris allaient, en jouant ou en regardant jouer à la paume, oublier qu'un roi anglais trônait dans le palais de leur prince.

Comme si tout devait être étrange en ce temps singulier, où la vigueur semblait avoir abandonné les hommes pour devenir le privilège de l'autre sexe, c'est une femme, une gaillarde commère des Flandres, qui l'emportait alors sur tous les autres joueurs dans cet exercice de vigueur et d'adresse. Le Bourgeois dont Pasquier connaissait déjà le *Journal*, qu'il cite même pour ce fait, avait vu la vaillante paumière au *tripot* de la rue Grenier-Saint-Lazare, qui devait deux siècles après servir de théâtre à Mondory ; et voici comment il en parle sous la date du 5 septembre 1427 : « Alors, dit-il, vint à Paris une femme nommée Margot, aagée de vingt-huit ans, qu'estoit du pays de Hainault, laquelle jouoit mieux à la paulme qu'oncques homme eust veu, et avec ce jouoit de l'avant-main et de l'arrière-main très puissamment, très malicieusement et très habilement, comme pouvoit faire homme, et y avoit peu d'hommes qu'elle ne gagnast, si ce n'estoit les plus puissants joueurs, et estoit le jeu de Paris où le mieux jouoit, en la rue Grenier-Saint-Ladre, qui estoit nommé le Petit-Temple »

On voit par la façon dont jouait cette paumière, avec l'*avant* et l'*arrière-main*, que la raquette n'était pas connue en 1427, et que l'on s'en tenait encore, dans le tripot de la rue Grenier-Saint-Lazare, à ce procédé primitif qui consistait à recevoir et à lancer la balle avec la *paume*, d'où le jeu avait pris son nom. Le P. Labbe, en ses *Etymologies des mots français*, n'en admet pas d'autre pour celui-ci : « d'autant, dit-il, qu'on poussoit les pelottes de drap ou les ballons de cuir avec la paume de la main, devant qu'on eust inventé les raquettes et les battoirs. » Pasquier, en ses *Recherches* (1), dit la même chose, et même, à ce propos, il entre dans quelques détails on ne peut plus curieux. De son temps, la vigoureuse rudesse du moyen âge se perdant tout à fait, même dans les exercices de vigueur, pour faire place aux habitudes plus molles qui nous étaient venues d'Italie avec la Renaissance, on n'avait plus voulu se gâter la main à la paume. On avait commencé à se servir du gant simple, puis du double gant, puis enfin du battoir et de la raquette. Cependant quelques vieux joueurs existaient encore qui avaient joué suivant l'antique manière ; c'est de l'un d'eux que Pasquier tenait ce qu'il va maintenant nous dire : « Autrefois, parlant à un nommé Gastelier, il me fit,

1. Lib. IV, chap. 15.

écrit-il, un discours qui mérite d'estre récité.

« Cest homme en sa jeunesse avoit été bon joueur de paulme, et depuis fut longtemps huissier de la cour, et venant sur l'aage resigna son estat : mais quelqu'ancienneté d'aage qu'il eut (car, quand il m'apprist ce que je diray, il estoit aagé de soixante-seize ans et plus), si ne pouvoit-il oublier son premier déduict. Et de faict, il n'y avoit jour que, s'il y avoit quelque belle partie en son quartier, il n'en voulust estre spectateur. C'étoit un plaisir auquel finit ses jours, et moy jeune homme, qui n'y prenois pas moins de plaisir que luy, le gouvernois de fois à autre par occasion. Un jour entr'autres, il me compta qu'en sa jeunesse il avoit esté des premiers joüeurs de paulme de son temps, mais que le déduict en estoit tout autre, parce qu'ils jouoient seulement de la main, et poussoient de telle façon la pelotte que fort souvent elle estoit portée au-dessus des murailles, et lors, les uns jouoient à mains découvertes, et les autres, pour se faire moins de mal, y apportoient des gands doubles. Quelques-uns, depuis, plus fins, pour se donner quelque avantage sur leurs compagnons, y mirent des cordes et tendons, afin de jeter mieux et avec moins de peine la balle. Ce qui se pratiqua tout communément. Et finalement de là s'étoit introduite la raquette, telle que nous voyons aujourd'huy, en laissant les sophistiqueries du gand. — Ha! vrayment, dis-je lors à part moy, il y a grande apparence d'estime que le jeu de paulme vient de là : parce l'exercice consistoit principalement au dedans de nostre main ouverte, que nous appelons *paulme...* »

Nous disions tout à l'heure que nous devions à l'Italie l'usage plus efféminé qui désolait sur ses vieux jours le paumier Gastelier. Le nom de la *raquette* est lui même une preuve de cette importation étrangère. Il est d'origine italienne. « Le mot *raquette*, dit M. de Paulmy (1), nous est venu des Italiens, qui prononçaient *racchetta* (2), et que les Espagnols prononcent *raqueta.* »

La forme de ce précieux outil de la *paume* n'a pas changé depuis trois siè-

1. *Mélanges tirés d'une grande bibliothèque*, au volume des *Jeux d'exercice*.
2. Le mot primitif, selon Ménage, serait *retiquetta*, dérivé du latin *reticulum*, filet.

cles. C'était déjà, sous François I*', un lacis de cordes croisées l'une sur l'autre, en façon de mailles et de rets, encadré dans un cadre de bois qui s'emmanchait lui-même d'un court et fort bâton. La mode s'était emparée de ces croisillons de cordelettes pour s'en faire une parure. Les dames de la cour, au temps de Catherine de Médicis, arrangeaient leurs cheveux en les croisant par bandes, comme les *raquettiers* disposaient leurs cordes. C'était ce qu'on appelait la coiffure en *raquettes* ; nous dirions aujourd'hui en *nattes*.

Le *battoir*, dont le manche était long pour la longue paume, et plus court pour la *courte paume*, se faisait d'ordinaire avec du parchemin. Son invention fut cause que, vu la rareté du vélin au seizième siècle, les raquettiers, auxquels, coûte que coûte, il en fallait pour leurs battoirs, se jettèrent plus d'une fois sur de précieux manuscrits qui leur étaient trop facilement livrés par quelques moines ignares. Plusieurs fragments des *Décades* de Tive-Live, que nous n'avons plus, passèrent ainsi chez un raquettier qui les fit perdre à la science, en employant pour ses battoirs le parchemin sur lequel ils étaient écrits. On ne s'attendait certes pas à cette influence désastreuse de la paume sur la littérature classique. Les écoliers ne l'en aimeront que mieux. Pour qu'on ne doute pas du fait, nous allons rapporter ce qu'a écrit Colomiès (1) à propos de la destruction des fragments de Tive-Live : « J'ai ouï dire à M. Chapelain qu'un de ses amis, homme de lettres, avoit joué à la longue paume avec un battoir sur lequel se voyoient des fragments de quelques *Décades* de Tive-Live que nous n'avons point, et que ces fragments venoient d'un apothicaire qui ayant eu en don des religieuses de Fontevrault plusieurs volumes en parchemin du même auteur, les avoit vendus par ignorance à un faiseur de battoirs. »

La *raquette* et le *battoir*, dès que l'usage s'en fut répandu, devinrent l'insigne distinctif de tout bon paumier. On n'en représenta plus un seul sans lui mettre en main, l'arme glorieuse de la paume. Rabelais, parlant des étudiants d'Orléans, la ville du droit, les-

---

1. *Colomiésana*, au tome IV des *Œuvres* de Saint-Evremond, p. 191.

quels, dit-il, faisaient « bel exercice » de la *paulme*, nous les montre toujours la raquette en main. Il ajoute que Pantagruel, étant allé étudier parmi eux, et s'étant plus facilement rendu bon maître en l'art cherché dans les tripots qu'en la science qui se prenoit aux écoles, se railla lui-même de cette supériorité du jeu sur l'étude, en vertu de laquelle tout écolier, bon paumier et danseur habile, n'avait guère besoin que d'une glose de droit en la cervelle pour arriver d'emblée au *cucullio*, bonnet doctoral, et passer *coquillon*, c'est-à-dire docteur. « Il fit, dit donc Rabelais à propos de Pantagruel, le blason et devise des licenciés, en ladite université, disant :

« Un *esteuf* en la braguette,
En la main une raquette,
Une loi en la cornette,
Une basse danse au talon,
Voy vous là passé coquillon. »

Comme le mot *esteuf* pourrait embarrasser dans cette citation, je n'irai pas plus loin sans dire ce qu'il signifiait. L'*esteuf*, c'était la balle de paume, qui s'appelait ainsi, selon quelques-uns, parce qu'il était fait d'*estouffes* ou *estoupes* de laine, en latin *stupa*. Les paumiers raquetiers, qui trouvaient la laine un peu chère, ne se gênaient pas pour la remplacer par des matières qui contrariaient un peu, par leur nature et par leur nom, l'étymologie du mot *éteuf*. Au lieu de bonnes étoupes de laine, ils mettaient dans les balles tout ce qu'ils trouvaient, surtout du son. Une ordonnance royale leur rappela les devoirs du métier. Elle leur enjoignit de ne mettre en vente que des éteufs « couverts de bon cuir et remplis de bonne bourre. »

Cette ordonnance si intelligente, et qui importe tant à l'histoire de notre jeu, est d'un roi à qui rien n'échappait : grand chasseur en son temps, bon paumier tant qu'il put l'être, comme le fut du reste son fils : c'est Louis XI. Elle date du 24 juin 1480, c'est-à-dire d'une des dernières années de sa vie, alors que, faute de force ayant cessé de jouer, il n'avait sans doute que plus d'amour pour le noble jeu, et ne désirait que plus vivement, pour ceux qui pouvaient s'y exercer encore, ce qu'il y aurait souhaité pour lui-même en sa jeunesse.

Cette prédilection pour la paume, que Louis XI tenait de ses prédécesseurs, ne tomba pas en déchéance après lui, loin de là. Nous avons déjà dit que Charles VIII n'aimait rien tant que ce jeu, soit qu'il s'y exerçât lui-même, soit qu'il n'y fût que simple spectateur des parties. Je ne sais si Louis XII, en cela, lui succéda comme en tout le reste ; je le crois, car avant d'être roi bonhomme, il fut prince galant et chevaleresque ; or, sans la paume, comme accessoire des tournois, point de chevalerie alors ni de galanterie.

François Ier le comprit bien. Il fut bon joueur et beau joueur. Un jour que, suivant Loys Guyon en *ses diverses leçons*, il jouait contre deux seigneurs de ses favoris avec un moine pour second, celui-ci fit un si joli coup de raquette, que la partie tourna pour le roi. « Oh ! dit-il, voici un bon coup de moine. — Ce sera, sire, un bon coup d'abbé quand il vous plaira. » Un abbaye vaquait alors justement. Le moine l'obtint pour son coup de raquette.

Henri II eût fait mieux que son père. Il eût gagné la partie lui-même. Nous n'avons pas eu de roi meilleur paumier.

Quand tout à l'heure Rabelais nous vantait l'adresse de Pantagruel à la paume, c'est à celle de Henri II, prototype certain de son héros, du moins en cela, qu'il faisait allusion. Personne en son temps ne jouait mieux que lui. S'il se fût exercé dans les tripots publics, il l'eût emporté sur les plus habiles, et l'*éteuf d'argent* proposé comme prix d'adresse eût été pour lui, non parce qu'il était roi, mais chose rare parce qu'il était vraiment joueur parfait. C'est au Louvre même, non plus dans l'ancien jeu bâti par Charles V, mais dans un nouveau, construit par son père du côté du Petit-Bourbon, vers Saint-Germain-l'Auxerrois, qu'il faisait ses parties. « Il se plaisoit fort, dit Brantôme (1), quand la reine sa femme, Madame sa sœur et les dames de sa cour venoient le voir jouer, et surtout lorsqu'elles donnoient leur sentence, comme les autres personnes, des fenêtres d'en haut. »

Ce fut un grand honneur pour la paume que cette préférence de nos rois, ce lui fut un malheur aussi. La jalousie vint avec le goût excessif. L'aimant

Edition du *Panthéon litt.*, t. I, p. 657.

beaucoup, ils arrivèrent à ne la vouloir que pour eux seuls et pour leur entourage, et l'on vit alors se renouveler les édits de *bon plaisir* qui défendaient le noble exercice aux gens du commun. Or plus la paume était en faveur à la cour, plus le peuple, qui cherchait alors en haut ses goûts et ses exemples, s'était épris de belle passion pour elle. Les tripots se multipliaient chaque jour dans Paris. Le 18 juin 1530, ordre vint de fermer ceux qui n'étaient pas hantés par les gentilshommes, et défense expresse d'en bâtir de nouveaux, même dans les faubourgs. Comme il arrivait toujours, on ne tint pas grand compte de l'ordre ni de la défense, d'autant que la police manquait un peu pour les faire observer.

Le Parlement intervint alors. Il était coutumier de sévérités contre ceux qui s'émancipaient de leur roture jusqu'au point de chercher leur plaisir dans l'exercice des nobles. En 1452 — nous avons lu la sentence dans ses *registres*, — il avait assez vertement condamné plusieurs vilains, coupables d'avoir joué à la paume. Un peu moins d'un siècle après, le 24 juillet 1543, s'associant aux rigueurs royales de 1530, il insista par un arrêt sur la défense, déjà faite, de bâtir de nouveaux *tripots*.

Si Henri II maintint ces sévérités ordonnées par son père, ce n'est pas Charles IX qui devait les abroger. Il était pour cela roi trop peu indulgent, et aussi trop bon joueur de paume, c'est-à-dire par conséquent joueur trop égoïste. Lui aussi n'aimait le jeu que pour lui et ceux de sa cour. S'il l'avait pu, il l'aurait défendu non pas seulement aux gens du peuple, mais même à la noblesse. C'est au *tripot* du Louvre qu'il jouait presque chaque jour. Il y était, faisant sa partie à l'ordinaire, lorsque le 22 août 1572, vers deux heures, on vint lui apprendre que Coligny avait été traîtreusement blessé par Maurevert.

Je ne parlerai pas d'Henri III, trop efféminé pour avoir le goût de la paume, lors même que la force ne lui aurait pas manqué, surtout dans les derniers temps de sa vie ; mais je n'oublierai pas Henri IV, dont ce jeu fut toujours l'exercice préféré. Il y entretenait cette habitude de mouvement et d'agilité que lui avait donné un long usage de la guerre. Il se fût sans cela rouillé pendant la paix. L'exercice de la paume mettait de l'huile sur les ressorts du roi-soldat. A peine a-t-il fait son entrée à Paris, qu'il est déjà dans un *tripot*, habit bas, s'en donnant à cœur joie et de toutes ses forces. « Le roy, dit l'Estoille (1), sous la date du 16 septembre 1594, joua à la paume tout du long de l'après disnée dans le jeu de paume de la *Sphère*. » Huit jours après, le 24, il y est encore (2) : « tout en chemise, encore estoit-elle déchirée sur le dos et avoit des chausses grises à jambes de chien, qu'on appelle. Ne pouvant bien aller à l'*estœuf*, pour ce qu'il estoit las, dit qu'il ressembloit aux asnes qui faillent par le pied... » Bon joueur, le succès l'encourageait à ces parties. « Le roy, dit encore l'Estoille, sous la date du 27 octobre de la même année (3), ayant gangné ce jour quatre cents escus à la paume qui estoient sous la corde, les fist ramasser par le *naquet* et mettre dans un chapeau, puis dit tout haut : « Je tiens bien ceux-ci, on ne me les dérobera pas, car ils ne passeront point par les mains de mes trésoriers. »

(1) *Journal*, édition de Michaud, t. II, p. 245.
(2) Idem, p. 246.
(3) Idem, p. 249.

L'Etat ne perdait rien à ces amusements du roi. Dispos à tout, il ne manquait ni un coup de raquette, ni une bonne entreprise de guerre ou de finance. De son tripot de la *Sphère* il surveillait la perception de l'impôt demandé aux aisés de sa bonne ville de Paris, et il avait en même temps l'œil sur les menées des Espagnols, tout prêt quand le moment serait venu à se jeter sur Amiens, avec cette souplesse de mouvement que la paume, comme je l'ai dit, entretenait si bien en lui. Sur tout cela, ce bon l'Estoille va nous renseigner encore : « Sur la fin de ce mois, dit-il en mai 1597 (1), le roy envoya quérir des principaux de ses cours, et de ceux qu'il savoit estre des plus aisés de sa ville de Paris, et leur demanda de l'argent d'une façon qu'ils se trouvèrent bien empeschés de l'esconduire, encore qu'ils en eussent la volonté. Cependant, il passoit son temps à jouer à la paume et estoit d'ordinaire à la Sphère, où madame la marquise (de Verneuil) et mesdames de Sourdize et de Sagone se trouvoient tous les jours pour le regarder jouer ; se

(1) *Journal*, édition de Michaud, t. II, p. 287.

faisoit prester de l'argent par madame de Monsseaux, laquelle il carressoit fort et baisoit devant tout le monde. Et ne laissoit pour cela Sa Majesté de veiller et donner ordre à tout ce qui estoit nécessaire au siège d'Amiens, pour le mois suivant, lequel estant venu, il donna congé au jeu et à l'amour et y marcha en personne, faisant office de roy, de capitaine et de soldat tout ensemble, et plantant par ses généreuses actions autant d'espouvante au cœur de ses ennemis, comme en celui des siens d'ardeur et d'émulation de bien faire à son exemple. »

Le Béarnais, au tripot, ne trouvait pas seulement à jouer, mais encore à rire des bons tours qu'il faisait lui-même ou qu'il voyait faire. Tout lui était plaisir, même les friponneries des petites gens, surtout lorsqu'étant découvertes, elles lui donnaient occasion de faire à ces drôles un peu de morale sérieuse quoique sur le ton du rire. L'Estoille, à l'endroit où il nous a raconté que le roi jouait au tripot de la Sphère, bras nus et chemise déchirée, le 24 septembre 1594, ajoute une anecdote sur certain tour de filou fait par un marqueur ou *naquet*, et dont le roi s'amusa fort: « A l'instigation de l'avocat Duret, qui dit à sa Majesté que si elle vouloit avoir du plaisir qu'elle fisse fouiller un racquet, qui faisoit le mitouard sous la gallerie, et qu'on lui ostast son manteau, qu'on lui trouveroit une grosse de balles qu'il avoit dérobée, commanda à M. d'O de ce faire. Et luy ayant esté trouvé ce qu'il avoit dit, le roy en rit bien fort ; et ayant fait venir le *naquet*, l'arraisonna assez longtemps, et en tira du plaisir. »

C'est sans doute pour qu'il n'y eût plus de tels drôles dans le service des *tripots*, et pour qu'on n'y courût pas à l'avenir le risque d'y voir voler ainsi non-seulement les éteufs, mais même les habits des joueurs, que sur l'avis du roi, la corporation des *paumiers-raquetiers* se donna les statuts qui lui manquaient encore, et en vertu desquels, les marqueurs ou *naquets*, au lieu d'être comme auparavant des vagabonds sans aveu, ne furent admis dans les jeux de paume que s'ils étaient apprentis ou compagnons paumiers. Ces statuts renouvelés plus tard sous Louis XV, en 1727, furent pour la première fois enregistrés au Châtelet le 13 novembre 1610.

Les *naquets* n'étaient pas les seuls filous des tripots ; d'autres s'y glissaient et y faisaient leur coup, soit en dérobant, comme j'ai dit, soit en trichant au jeu. L'auteur d'un petit livret rarissime, la *Caballe des matois*, qui parut à la fin du règne d'Henri IV (1), va nous raconter en quelques vers comment ses héros, les drôles, entendaient une partie de paume, au grand dommage des *parieurs :*

..... Comme le changement
Apporte un contentement,
Ainsi le languide espace
De nos tours de passe passe
Nous porte de tous cottez
Es jeux de paume hantez.
Là toute notre caballe
Fait une partie esgalle,
Puis desguisant tout respect,
Met la victoire en suspect,
Et fait que le jeu varie,
Jusqu'à ce que l'on parie.

Mais aussitôt que l'on voit,
Ou bien seulement qu'on oit
Le clinquetis des pistolles,
Nous commençons les bricolles.

L'un tire dans le tambour,
L'autre d'un expert destour,
Pendant qu'au tiers il babille
Laisse mettre dans sa grille.

(1) Paris 1691, in-12, p. 48.

L'autre en criant fait du feu,
Desrobe quinze d'un jeu,
Si bien que cette industrie
Nous fait gagner la partie,
Et juger à plus de voix
Que nous sommes vrays matois.

Les *naquets*, avant que les statuts de 1610 ne les eussent soumis au triage qui épura le métier, étaient d'ordinaire de moitié dans les coups de main de ces matois, et de moitié aussi dans le profit. Ce n'est cependant pas à dire que leur bande, même en son plus mauvais temps, ne comptât quelques hommes honnêtes, du moins par occasion. Le pauvre diable qui sauva la vie au jeune Caumont la Force, pendant la nuit de la Saint-Barthélemy, était un de ces marqueurs. Il était venu d'abord, il est vrai, pour faire son métier de *naquet*, c'est-à-dire de voleur, en tâchant de dépouiller les cadavres du père et des frères, étendus sur la place même où ils avaient été frappés, près des remparts, non loin de la Croix des Petits-Champs. Quand le jeune Caumont, qui avait fait le mort pour n'être pas tué, releva la tête sous la main du *naquet* qui déjà s'apprêtait à le déshabiller, la pitié prit ce pauvre homme. Il oublia ce qu'il était venu faire pour ne plus songer qu'à sauver cet enfant. Il l'enveloppa de son manteau, le prit sur ses épaules, et à pas de loup, suivant la muraille, protégé par les dernières ombres de la nuit, il le porta chez sa tante, madame de Biron, à l'Arsenal. Une pension qui lui fut exactement payée toute sa vie fut sa récompense.

Le jeu de paume où il était marqueur se trouvait rue Verdelet, et par conséquent non loin du lieu où, étant venu pour voler, il avait fini par faire une bonne action. Ce jeu de paume de la rue Verdelet existait encore au dix-huitième siècle. Jean-Jacques Rousseau y occupait, sous les toits, un petit logement, d'où il se rendait tous les jours chez son patron, M. Dupin de Francueil, par un passage qui faisait communiquer le tripot avec la rue Platrière, où logeait ce financier (1). Jean-Jacques, qui pour son compte n'aima jamais beaucoup les exercices du corps, auxquels répugnait d'ailleurs l'infirmité dont il souffrit toute sa vie, ne s'attarda pas souvent, j'imagine,

(1) *Confessions*, édit. Pourrat, t. II, p. 32-38.

chez le tripotier son voisin. Il y dut regarder jouer plus d'une fois cependant ; l'estime qu'il avait pour la paume, et dont fait foi un curieux passage de l'*Emile*, doit venir de là : « On ne se met point en garde, dit-il, contre un volant qui tombe, il ne fait de mal à personne ; mais rien ne dégourdit le bras comme d'avoir à couvrir la tête ; rien ne rend le coup d'œil si juste comme d'avoir à garantir ses yeux ; s'élancer du bout d'un jeu de paume à l'autre ; juger le bond d'une balle encore en l'air ; la renvoyer d'une main forte et sûre : de tels jeux conviennent à l'homme ; ils servent à le former. »

Quand, au seizième siècle, et peut-être même à une époque antérieure, le tripot où Jean-Jacques s'était si bien renseigné sur les salubres avantages de la paume avait été construit, la rue Verdelet, dont il occupait la maison la plus importante, se trouvait, nous l'avons dit, tout près des remparts, dans un quartier perdu. C'était le bout du monde, comme le disait le nom d'une rue voisine. Or presque tous les tripots étaient établis alors en de tels endroits ; soit parce qu'on y trouvait à meilleur marché le terrain dont chaque jeu exigeait un large espace, soit encore parce que, malgré l'interdiction dont ils étaient frappés, si on voulait bien les tolérer quelque part, c'était plutôt en ces lieux écartés que dans le cœur même de la ville.

Le fait est, je le répète, que les plus célèbres que nous connaissions alors étaient ou dans les faubourgs ou, comme celui-ci, près des remparts. Le marais du Temple, qui ne se remplit de maisons que sous Henri IV et sous Louis XIII, avait des jeux de paume bien auparavant. Nous en avons déjà visité un des plus fameux, celui du *Petit Temple*, où jouait la Flamande Margot, rue Grenier Saint-Lazare. Tout près, rue Michel-Lecomte, se trouvait celui de La Fontaine, qui servit de salle de spectacle à Mondory, lorsque l'incendie l'eut chassé du *Petit-Temple*. Un autre tripot, très renommé sous Louis XIII, celui du *Petit-Louvre*, se trouvait aussi de ce côté. En 1632, le théâtre du Marais s'y était installé, et le sieur Morel y faisait danser d'admirables ballets. C'était, comme nous l'avons déjà vu et comme nous le verrons encore, c'était l'usage en ce temps. Les comédiens tous pauvres et nomades, et dont les plus stables étaient toujours plutôt campés qu'établis, manquaient d'argent pour se bâtir des salles définitives. Les tripots étaient donc leur refuge (1). Aussi n'en connaissons-nous presque point qui n'aient alors vu jouer la comédie ou danser les ballets. Un pourtant, aussi de ces quartiers, semble n'avoir abrité aucun spectacle. Il était situé rue de la *Perle*, qui lui devait son nom, car étant, comme dit Sauval (2) : « le mieux entendu de Paris, » on l'avait appelé la *Perle* des tripots. Si jamais les comédiens n'y dressèrent leur tréteaux, c'est sans doute à cause de sa forme qui, au lieu d'être oblongue, comme celle des autres, était carrée, disposition tout à fait défavorable pour une salle de spectacle.

Au seizième siècle il existait déjà et n'avait de rivaux sérieux que celui de la rue Grenier-Saint-Lazare, dans son voisinage ; et plus loin, de l'autre côté de la Seine, vers le faubourg Saint-Marcel, ceux de *Braques* et des *Onze mille*

---

(1) V. Scarron, Roman comique, édit. V. Fournel, t. I, p. 10. V. aussi notre édition des Chansons de Gauthier Garguille, p. cx.

(2) T. I, p. 156.

Diables. Le premier devait son nom à son enseigne, sur laquelle était peint un chien braque. Rabelais le connut; c'est là qu'au sortir de l'école il mène s'ébattre le jeune Gargantua et ses amis : « Ce faict, dit-il (1), issoient hors, toutjours conférant des propous de la lecture et se desportoient en Bracque ou ez prés, et jouoient à la balle, à la paulme, à la piletrigone, galantement s'exerçant le corps, comme ils avoient les ames auparavant exercé. »

Le tripot de *Bracque* était en plein faubourg Saint-Marcel, celui des *Onze mille diables* n'était que sur la lisière, rue Neuve-Sainte-Geneviève près l'Estrapade. D'où lui venait son nom bizarre? je ne sais. Il finit par l'échanger pour celui de la *Sphère* (2), qu'un autre plus voisin du Louvre avait déjà porté, comme nous l'ont prouvé les anecdotes sur Henri IV. Il n'est pas probable en effet que le Béarnais, tout passionné qu'il fût pour la paume, et tout excellent que pût être le tripot de la rue Neuve-Saint-Geneviève, eût fait le voyage du Louvre

(1) Liv. 1, chap. 23.
(2) Sauval, 1, 138.

jusque-là pour se donner le plaisir de pousser l'*éteuf*. Si les bons jeux de paume eussent manqué près de son palais, il fût allé de préférence à ceux du faubourg Saint-Germain, dont il n'était séparé que par la Seine, et qui préparaient de ce côté la renommée que devaient acquérir plus tard les tripots de la rue Mazarine. A peine fut-elle bâtie qu'elle se trouva pour ainsi dire bordée de jeux de paume. Le plus célèbre, au dix-septième siècle, faisait face à la rue Guénégaud. Molière, si je ne me trompe, y commença comme comédien de l'*Illustre théâtre*; puis il en partit pour courir la province et n'y revint plus. C'est sa troupe et son répertoire qui y retournèrent. Quand il fut mort, sa veuve et ses camarades, chassés de la salle du Palais-Royal par les intrigues de Lulli, ne trouvèrent pour asile que ce tripot, où le grand homme avait commencé bateleur! Il est aujourd'hui remplacé par le *passage du Pont-Neuf*.

Le règne de Louis XIII et le commencement de celui de Louis XIV furent encore un bon temps pour la paume. Les jeux étaient de plus en plus nombreux à Paris et toujours pleins. En

1657, l'ambassadeur de Hollande s'étant fait dresser un état des principaux établissements de Paris, constata qu'il y avait cent quatorze tripots. Fort beau nombre sans doute. Il fut cependant surpris de ne pas le trouver plus considérable (1). Peut-être l'était-il avant la Fronde, qui fit un si grand tort à tous les lieux d'exercice et de plaisir, bien que M. de Beaufort, le roi du jour, fît de son mieux par son exemple pour les maintenir en plein succès. Il était grand joueur de paume et sa popularité n'en souffrait pas, au contraire: « On ne parle icy, écrit Gui Patin à Spon, le 14 may 1649 (2), que de M. le duc de Beaufort, pour qui les Parisiens, et particulièrement toutes les femmes, ont une dévotion particulière. Comme il jouoit à la paume dans un tripot du marais du Temple, il y a quatre jours, la plupart des femmes de la halle s'en alloient par pelotons le voir jouer et lui faire des vœux pour sa prospérité. Comme elles faisoient du tumulte pour entrer, et que ceux du logis

(1) *Journal d'un voyage à Paris*, en 1657 et 1658. 1862, in-8°, p. 249.
(2) *Lettres choisies* de feu M. Guy Patin. La Haye, 1707 Petit in-8°, t. I, p. 43.

s'en plaignoient, il fallut qu'il quittât le jeu et qu'il vînt lui-même à la porte mettre les holà : ce qu'il ne put faire sans permettre que ces femmes entrassent en petit nombre, les unes après les autres, pour le voir joüer ; et s'apercevant qu'une de ces femmes le regardoit de bon œil, il luy dit : « Hé bien, ma com-
» mère, vous avez voulu entrer : quel
» plaisir trouvez-vous à me voir jouer et
» à me voir perdre mon argent. » Elle lui répondit aussitôt : « Monsieur de
» Beaufort, jouez hardiment, vous ne
» manquerez pas d'argent ; ma commère
» que voilà et moi, nous avons apporté
» 200 écus, et s'il en faut d'avantage, je
» suis prête d'en retourner quérir encore
» autant. » Toutes les autres femmes commencèrent aussi à crier qu'elles en avoient à son service, dont il les remercia. »

A peu de temps de là, M. de Beaufort n'était plus guère en disposition pour faire de telles parties, et les commères de telles offres. Les troupes du roi assiégeaient Paris, la famine régnait dans la ville, et personne n'avait de cœur aux spectacles et aux jeux. Une des plus spirituelles mazarinades, le *Ministre* d'*État flambé*, décrit toutes les désolations de Paris à ce moment, sans oublier celle des paumiers, qui ne trouvaient plus d'enjeux à mettre sous la corde :

> L'orviétan est pris pour sot,
> Il n'a ni théâtre ni baume ;
> Et Cousin, Saumur et Sorcot
> Ne gagnent plus rien à la paume.

Cousin, Saumur et Sorcot sont les premiers paumiers célèbres dont le nom nous soit parvenu. Jusqu'alors nous ne connaissions que la paumière Margot, au XVe siècle et à la fin du XVIe, Fesson, ce bon joueur de paume qui avait dû à son talent la faveur d'entrer au service du cardinal de Guise, ce qui lui donna les moyens de sauver la vie à de Thou, en 1589, pendant la ligue (1). Il n'avait qu'un tort ; c'était de ne pas s'en tenir à son adresse au jeu et de trop politiquer. Comme Becquet, le *tripotier*, il était ligueur acharné. Tous deux le payèrent de leur vie. Fesson étant sorti de Paris pendant la famine, on l'arrêta au premier retranchement, et M. d'Aumont, qui le connaissait comme un ardent agi-

(1) *Mémoires de la vie de Jacques de Thou*, 1714, in-12, p. 202.

tateur contre le roi, le fit pendre sur-le-champ. Quant à Becquet, il fut aussi pendu haut et court, peu de temps après le retour de Henri IV (1).

Sous Louis XIV, nous allons trouver d'autres paumiers fameux, et dans une situation heureusement fort différente. Ils n'ont d'autre souci que le jeu dans lequel ils excellent, et qui leur vaut la faveur du roi. Ils jouent devant lui à Fontainebleau, l'émerveillent par leur adresse, et obtiennent en récompense le droit de jouer publiquement, ou pour mieux dire de donner des représentations de leur savoir-faire dans un des jeux de paume de Paris. « Le roi, écrit Dangeau dans son *Journal* (2), sous la date du 26 octobre 1687 à Fontainebleau, vit jouer les bons joueurs de paume et leur accorda le privilège qu'ils demandaient. Ils joueront deux fois la semaine à Paris, et feront afficher comme les comédiens. Ils sont cinq : les deux Jourdain, le Pape, Clergé et Servo. »

La paume, on le voit, commençait à devenir un spectacle plutôt qu'un exer-

(1) L'Estoille, 4 may 1594.
(2) Edition complète, t. II, p. 57.

cice. On y jouait moins pour son propre compte, que l'on y regardait jouer. Louis XIV n'encourageait guère à la traiter autrement. Il ne l'aimait pas, nous l'avons déjà dit. Ce qu'elle exige d'action et de mouvement eût dérangé Sa Majesté. La maladie dont il souffrit longtemps, jusqu'à ce que la grande opération que lui fit Félix l'en eût tout à fait délivré, l'eût d'ailleurs empêché d'être à la paume autre chose qu'un majestueux spectateur. Roi correct et rectiligne, majesté d'intérieur, à qui le trône convenait bien plus que l'action, il se plaisait aux jeux d'appartement, aux divertissements de cabinet. Une partie de billard avec son ministre Chamillard, dont le nom était une rime si compromettante pour la dignité ministérielle et si commode pour l'épigramme, voilà le plus rude exercice que se permit Louis XIV. Mazarin l'avait de bonne heure accoutumé, lui et toute la cour, à ces sortes de récréations renfermées et casanières. Italien, il n'aimait que les jeux de l'Italie et de son temps : le *hocca*, le *biribi*, etc. Il avait aidé à substituer dans les amusements, à la vigoureuse franchise d'un ardent exercice, les subtilités du hasard qui n'appartiennent à personne, hormis aux fourbes qui le corrigent.

Il était en cela fort en arrière de ce qu'en Italie même on avait aimé au seizième siècle, et de ce qui s'y trouvait recommandé par tout le monde, voire par les cardinaux chez qui, avec l'amour des lettres antiques remises à la mode par la Renaissance, était revenu le goût des exercices semblables à ceux des anciens. « J'éprouve une vive satisfaction, écrivait alors le cardinal Bembo à son ami Christophe de Longueil, en apprenant que votre passion pour l'étude ne vous empêche pas de soigner votre santé. L'exercice de la paume, auquel vous vous livrez, est excellent. Je vous jure qu'à mes yeux tous les honneurs, toutes les dignités de Rome ne valent certes pas vos délassements enchanteurs. »

Mazarin, ayant une lettre de ce genre à écrire, eût conseillé à son ami quelques longues parties de *hocca* ou de *biribi*. L'abbé de Saint-Pierre, qui ne vit jamais si juste qu'en cette circonstance et n'eut jamais plus de bon sens, lui a fait un vif reproche des mauvaises habitudes que sa passion du jeu inocula ainsi à la cour, et des conséquences funestes qui en résultèrent pour les mœurs publiques : « On préféra les jeux de hasard, dit-il, on quitta les jeux d'exercice, tels que la paume, le mail, etc.; les hommes devinrent plus faibles, plus malsains, plus ignorants et moins polis. Les femmes, séduites par cet attrait, apprirent à se moins respecter. »

Ce n'est pas sous un roi comme Louis XV, toujours isolé dans les mystères d'une débauche égoïste et solitaire, que le jeu de la vigueur et de la franchise, déjà si négligé pendant le règne précédent, pouvait reprendre faveur. La déchéance de la paume continua donc ; le nombre des *tripots* décrut de plus en plus, et les bons joueurs devinrent plus rares. Il y en eut cependant encore, et d'excellents. Cabasse, qui a laissé son nom à un très joli coup d'arrière-main, fut de ces bons joueurs du temps de Louis XV. Un avocat, dont j'ignore le nom, avait alors aussi beaucoup de réputation comme paumier. Un jour, le jeune prince de Condé entra dans le tripot dont son adresse faisait les honneurs, et joua avec lui. L'avocat gagna la partie. Le prince ne lui en voulut pas, il chercha même à lui être agréable, et crut fort bien faire en lui envoyant par un petit valet de pied un écu pour se payer des rafraîchissements. « Je suis très honoré, mon ami, dit le basochien, du présent que veut bien me faire Son Altesse, et je ne manquerai pas de le garder précieusement. En attendant, voici pour vous ; » et il lui donna un louis. Le petit laquais, tout surpris, courut conter l'aventure au prince, qui, non moins étonné, s'en alla lui-même la rapporter à son oncle le comte de Charolais : « Vous demandez ce que cela signifie ? lui dit le comte. Rien de plus simple. L'avocat a fait le prince du sang, et le prince du sang l'avocat. »

Ce n'est pas la seule leçon que reçurent nos princes dans les jeux de paume, sans compter celles que leur donnaient à l'occasion les bons paumiers. Mais ici nous ne parlons pas de celles-là.

Vers la fin de mai 1780, le comte d'Artois, « qui aimait beaucoup la paume, disent les *Mémoires secrets* (1) et qui venait souvent y jouer à Paris dans les jeux renommés, » avait engagé, dans

(1) T. XV, p. 197.

l'un des meilleurs de la rue Mazarine, une partie où l'adresse de son *partner* ne lui permettait guère de briller. Très mécontent de lui-même, il ne l'était pas moins contre la galerie, qui applaudissait trop les coups de son adversaire, et pas assez les siens. Il n'était pas alors de l'humeur commode qu'il eut quand il fut roi, et lorsqu'il était fâché, certaines bribes d'un vocabulaire alors commun aux grands seigneurs et aux gens des halles lui venaient facilement sur les lèvres. Il se servit des mots les moins polis de ce lexique brutal pour ordonner qu'on fît sortir tout le monde. On obéit. Un officier seul demeura. « N'avez-vous pas entendu ce que j'ai dit ? lui cria le prince. — Si vraiment, Monseigneur, mais comme je ne suis ni un b..... ni un J... f..... je suis resté. » Le prince se mordit les lèvres et ne dit plus mot.

Après avoir raconté l'anecdote, les *Mémoires secrets* ajoutent, sous la date du 5 juin 1780, que le prince, pour ne pas s'attirer à l'avenir de telles avanies toujours possibles dans les tripots publics, « fait construire actuellement, rue de Vendôme, sur le boulevard, un jeu de paume à son usage seul et à la portée de son palais du Temple. »

Ce jeu de paume du comte d'Artois, « le dernier né et le dernier mort de tous, » comme l'a fort bien dit M. de Wailly, fut sur la fin le champ clos des grands paumiers Charrier père et Charrier fils, ce vaillant Amédée « à la volée imperturbable, qui faisait jusqu'à onze coups de bosse de suite à la descente du toit, et qui était en un mot de première force, quoiqu'il eût les deux pieds contrefaits. »

Ce dernier des tripots a suivi la destinée de la plupart de ses aînés ; il est devenu ce qu'ils devenaient tous au dix-septième siècle : une salle de spectacle. Les *Folies-Mayer*, puis les *Folies-Nouvelles*, et enfin le *Théâtre Déjazet*, s'y sont installés.

En 1780, quand il fut construit, il était déjà une sorte de rareté dans Paris. On n'y comptait plus en effet les jeux de paume par centaines, comme en 1757. Lui compris, il n'y en avait plus que dix pour toute la grande ville : un, très peu en vogue, rue Beaurepaire ; un autre, rue des Ecouffes, tout aussi peu renommé, et le dernier du Marais ; un troisième rue des Francs-Bourgeois-Saint-Michel, très-ancien, et que Grapin, qui le tenait, avait décoré du nom de Jeu de Paume de Monsieur, quoique le comte de Provence, déjà obèse, n'y eût jamais que je sache donné un seul coup de raquette.

L'imprimerie Rignoux s'est installée dans ce patriarche des tripots. Celui de la rue Verdelet, qui peut-être était plus ancien encore, et que nous connaissons déjà, existait toujours. Il était avec un autre que Masson tenait rue de Grenelle-Saint-Honoré, le seul qu'on trouvât alors dans le quartier du Louvre.

Masson, que je viens de nommer, était alors la célébrité du jeu. « Le grand Masson, le père des paumiers! dit M. Léon de Wailly. » En outre du jeu de la rue de Grenelle, il en avait un second plus important dans la rue Mazarine, avec passage sur la rue de Seine. Bergeron, « si célèbre par ses coups de bosse et de brèche, » en tenait un tout auprès dans la même rue, où l'on voyait, de plus, le jeu tenu par Cormier et celui de Desvertus.

Un de ces établissements de la rue Mazarine survécut jusqu'en 1839. Il avait pour maître l'excellent paumier Blanchet, et il avait eu pour dernier joueur illustre le duc de Berry, qui venait souvent y faire sa partie avec MM. de Guiche, d'Escar, de la Rochefoucault, de Clermont, de Polignac, etc. Quand Blanchet eut fermé son jeu, la paume se serait trouvée sans asile si, grâce à une société d'actionnaires formée par les amateurs de paume, le jeu du passage Sandrié n'eût été fondé sur un terrain détaché du jardin de M. Fontanille. Après vingt et un ans de séjour tranquille dans cette enceinte retirée qui ne connut comme événements tristes que quelques-unes des péripéties de l'affaire Hourdequin, le pauvre jeu allait encore rester, comme on dit, sur le pavé. La construction du palais de l'Industrie avait fait disparaître le terrain de la *Longue Paume* aux Champs-Élysées ; la construction du nouvel Opéra menaçait de même le dernier refuge de la *Courte-Paume*. Son aînée, plus facile à satisfaire, avait trouvé où s'ébattre sur un terrain qu'on lui avait accordé dans le jardin du Luxembourg ; mais elle, où lui serait-il encore possible de se réfugier ? Son culte, qui compte encore tant d'ardents et assidus adorateurs, périrait-il donc faute de temple ?

Napoléon III prit en pitié le pauvre jeu laissé sans feu ni lieu. Il lui ouvrit toutes grandes les portes des Tuileries, jusqu'alors inhospitalières pour tout autre, et le gracieux édifice où il fut logé, mieux qu'il ne le fut jamais, put s'élever sur la terrasse de Feuillants.

Le roi des jeux, le jeu des rois, était bien à sa place dans un jardin d'empereur!

CHAPITRE XI

LES JEUX A TRIANON

O Versailles, ô bois, ô portiques !
Marbres vivants, berceaux antiques,
Par les dieux et les rois, Elysée embelli,
A ton aspect dans ma pensée,
Comme sur l'herbe aride, une fraîche rosée,
Coule un peu de calme et d'oubli.
. . . .
Les chars, les royales merveilles,
Des gardes les nocturnes veilles,
Tout a fui; des grandeurs tu n'es plus le séjour:
Mais le sommeil, la solitude,
Dieux jadis inconnus, et les arts et l'étude,
Composent aujourd'hui ta cour.

Quand il y a plus d'un demi-siècle, André Chénier méditait ces vers, il voyait Versailles, dépeuplé et solitaire, mais beau de tristesse et de mélancolie; car déjà tout prestige, excepté pourtant celui qui ne cesse de planer sur de si magnifiques ruines, avait fui de cette grande demeure royale, cet asile de tant de princes ne conservait plus, aux yeux du monde étonné de son silence, que ce qui restait dans leur exil, à ses hôtes fugitifs : la majesté du malheur. Et pour le poète qui, comme Chénier, pouvait hanter ce palais devenu solitude, et suivre dans ces allées désertes les dernières traces de la dernière cour, le spectacle d'une pareille désolation devait sembler plus important et plus digne d'être contemplé que celui de tout ce luxe détruit dont elle prenait la place. Quelque immense, en effet, que fût le désert qui s'étendait devant ses yeux, ses seuls souvenirs pouvaient le repeupler. Quelque silencieux que fussent les échos, ils pouvaient ranimer leurs voix aux mille murmures de ses pensées. A la première évocation du poète, l'imagination va tout raviver ici ; sans nul effort, elle va faire renaître des merveilles ; mais eût-elle plus de prestige encore, cette fée divine ne pourra y créer un monde plus splendide et plus éblouissant que celui qui habita réellement ces beaux lieux.

D'abord c'est le roi du grand siècle, c'est Louis XIV et sa cour, c'est ce magnifique cortège de toutes nos gloires qui, de l'Œil-de-Bœuf aux Salles des nobles, s'avance imposant et grave à travers toutes ces galeries étincelantes d'or et de peintures jusqu'aux salons d'Apollon. C'est Boileau et Componne, Racine et Cavoye, Colbert et Vauban, Luxembourg et Vendôme ; c'est toute la France enfin, excepté le peuple, qui ne comptait pour rien alors, mais qui pouvait se consoler au moins en voyant la gloire et le mérite de ceux qui représentaient la patrie et en faisaient la plus grande nation de la terre.

Et après le grand règne, vient un autre monde, moins grave, mais plus spirituel, moins penseur en dépit de ses prétentions à l'être d'avantage, mais plus fanfaron et plus bavard. Aux amours réservées dont ces bosquets furent l'abri, succédèrent des passions effrénées dont se serait effarouchée l'ombre pudique de La Vallière. Ces amours-là ne vont plus sous l'ombrage, ils craignent le mystère que les autres cherchaient ; ils courent le grand chemin avec ce monde nouveau, Versailles se renouvelle et se métamorphose. Ce n'est plus le lieu le plus imposant et le plus magnifique, mais c'est le plus étonnant de la terre. C'est un rendez-vous de toutes sortes de gens distincts de qualité, mais rapprochés par un double lien, l'esprit et la corruption.

Transportez-vous à Versailles en 1760, et vous serez au milieu d'une société de marquis, de porteurs de soutanes, de laquais et de gens de lettres, tels que vous en voyez dans l'immense galerie que vous ouvrent la chronique scandaleuse et les mémoires secrets de ce temps là. Voilà bien les talons rouges, la poudre, les paniers, les habits à la française avec les longues épées d'argent; de petits chevaliers, de petits abbés tout roses, marchant sur la pointe des pieds, une belle duchesse avec Clairval dans une chaise, à droite et à gauche de grandes perruques et de chétives personnes. Beaucoup de grands seigneurs, beaucoup de petits marchands, beaucoup de valets, mais point de peuple encore. Son jour n'était pas encore venu ; il commença seulement à poindre, quand, après Louis XV, le roi des favorites, on vit monter sur le trône un roi honnête homme, qui venait, tenant par la main sa jeune et gracieuse épouse, purifier et rajeunir cette vieille cour. Alors tout le monde voulut s'intéresser au peuple, on l'aima, on écrivit pour lui, et tout changea de face, surtout Versailles. Ce palais d'un grand roi, déjà trop vaste pour les débauches intimes de Louis XV, l'était devenu encore davantage pour cette cour bourgeoise, pour cette royauté en famille. La reine aimait le désert; mais, en jeune femme, elle voulait une solitude moins immense où, après quelques instants d'isolement méditatif, on pût se retrouver sans peine et plus vite encore qu'on ne s'était fui. Elle choisit le Petit Trianon.

Le tout était suivant son désir, car tout avait la prétention de ressembler à la nature et de faire rêver à la vie des champs sans rappeler celle des cours. Le château était plutôt une maison bourgeoise qu'un palais. De sa chambre, Marie-Antoinette ne voyait que la verdure : c'était une perspective variée par les feuillages divers des arbres exotiques qu'Antoine Richard y avait plantés vingt ans auparavant. Du milieu d'une pelouse toujours verte et moelleuse, le mélèze, le pin d'encens, le févrirer, et le sophara de la Chine, le chêne rouge, l'aune découpée, l'yeuse de Virginie, le bouleau, le peuplier d'Athènes, l'acacia rose et le cèdre, se groupaient en touffes verdoyantes et mariaient leurs rameaux. Pour abriter ce petit coin de la terre, la nature avait voulu y étaler ses plus beaux ombrages. Aussi Marie-Antoinette était-elle vraiment heureuse dans ce lieu charmant, elle se croyait villageoise, et sa seule ambition était d'être fermière. Elle en eut même si bien le désir, que bientôt au milieu du parc de Trianon, et tout près du grand lac, on vit s'élever un hameau, groupe harmonieux de maisonnettes bâties en chaume et en cailloutage. Louis XVI était le seigneur du lieu :

..... Sa maison plus ornée,
Paraissait au dehors de murs environnée,

comme eût dit Boileau ; le comte d'Artois était le garde-chasse ; le comte de Provence, le meunier ; l'archevêque de Paris, le curé du village ; la reine,

Auguste et jeune déité,

était simple fermière. Sa maisonnette

était plus retirée, afin qu'elle pût s'y reposer à loisir, et tout en mangeant la soupe au lait, s'y faire lire les pastorales du chevalier de Florian, donnant ainsi, disait-elle, même nourriture à son corps et à son esprit.

Toute sa cour était donc devenue villageoise, mais pour la forme et à l'extérieur seulement ; de même que sous le chaume et l'écorce rocailleuse qui les couvraient, on retrouvait dans ces prétendues cabanes tout le luxe des maisons royales, des lambris de marbre et de somptueux mobiliers, de même aussi, on pouvait sentir battre sous les habits rustiques de ces grands seigneurs mal déguisés, un cœur encore corrompu et avide de moins innocents plaisirs.

Le soir, fatigués d'avoir, pendant tout le jour, joué *au fermier* pour complaire à la reine, qui était, je pense, de meilleure foi, quand ils avaient revêtu leurs habits dorés et brodés, nos gentilshommes se sentaient plus à l'aise ; ils retrouvaient toute leur gaieté et toute leur franchise alors, soit qu'il leur fallût paraître sur le théâtre de la cour pour y tenir un rôle dans la comédie du *Sage étourdi* ou dans les petits opéras du

Tonnelier et des *Sabots*, soit aussi surtout qu'il leur fallut s'ébattre en des amusements bien peu dignes de gens qui s'étaient targués d'être tout le jour d'innocents villageois.

Les *Décampativos* étaient un de ces jeux du soir à Trianon. La reine les aimait beaucoup et elle eût le tort de les mettre à la mode alors, en s'en amusant et en s'en laissant même attribuer l'invention. Si nous en croyons l'auteur d'un essai sur sa vie, rien ne la déconsidéra davantage.

Or, voici quel était ce jeu tout à fait oublié aujourd'hui, et dont avant les Nocturnales de Versailles, nous ne retrouvons le nom que dans ces paroles de Georges Dandin à sa femme : « Ah ! je vous y prends donc, madame ma femme, et vous faites des *escampativos* pendant que je dors. » Du temps de Molière c'était déjà un amusement redouté des maris.

A Trianon, dans les beaux jours d'été, lorsqu'il commençait à faire sombre, et que la foule s'était écoulée des bosquets après la sérénade donnée chaque soir par la musique des gardes françaises, les nobles hôtes du château se réunissaient dans quelque endroit écarté du jardin, et là sous un frais ombrage illuminé à la hâte, on dressait un trône de fougère et l'on jouait au *Roi des décampativos*. Assise sur le gazon, cette cour fatiguée de sa grandeur réelle, s'en dépouillait encore une fois en riant pour se créer des dignités factices. Le monarque qu'elle se choisissait à la hâte devait donner des audiences et rendre la justice sur les plaintes que lui adressait ce peuple d'un nouveau genre dont le roi, ses frères et la reine étaient les premiers citoyens ! On faisait au nouveau monarque les doléances les plus singulières, et lui de son côté infligeait les peines ou distribuait les récompenses les plus bizarres. Ensuite on procédait au mariage.

... Jusque là tout allait bien, et il était même possible que sous la gaieté de ces amusements, de bonnes et salutaires leçons se fissent jour jusqu'au trône véritable ; mais avec la seconde partie le scandale commençait.

L'un des seigneurs qui trônait le plus souvent était le comte de Vaudreuil ; il se plaisait aux unions singulières. Ainsi il alliait le roi avec une dame de sa cour, et donnait la reine à un de ses amis ou quelquefois se la réservait pour lui-même. Puis, quand toute la Société était partagée, chaque groupe partiel d'époux improvisés devait successivement, et en se tenant par la main, s'avancer devant le trône. Là, avec tout le respect dû à ce nouveau genre de sacrement, et au nouveau roi qui remplissait en même temps le rôle de pontife, on attendait le mot sacramentel : c'était *Décampativos*.

Sitôt qu'il était prononcé, chacun fuyait avec son épouse d'emprunt vers un des bosquets qu'il pouvait choisir. Il était fait défense, de par le roi des Fougères, de rentrer avant deux heures dans la salle du trône, défense d'aller plus d'un couple ensemble et dans le même endroit, défense de se voir, de se rencontrer, de se nuire, de se chercher ni de se parler.

Le roi aimait fort ce jeu, il trouvait plaisant de se voir détrôné et *démarié* par ce roi en herbe. Et la reine, elle aussi, se livrait avec la plus complète étourderie aux folles licences du *Décampativos*. Pauvres jeunes époux ! Ils ne savent pas que leurs ennemis sont aux portes du palais, guettant tout ce qu'ils pourront trouver à blâmer dans leurs actions, pour le noircir de leur calomnie et le répandre ensuite dans la foule. Malheureuse reine ! elle ne prévoit pas que le peuple viendra jusque dans sa chambre royale lui demander compte de toute sa vie, même de ses jeux, et qu'il la traînera ensuite sur un sanglant échafaud.

Dans ce même parc du Petit Trianon, s'élève auprès du grand lac une tourelle en forme de belvédère, et maintenant à moitié détruite. C'est là qu'une vigoureuse nourrice normande, tenant dans ses bras un enfant frais et rose, tâchait de l'endormir en le berçant et en lui chantant ce vieil air de Marborough dont la tourelle garde encore le nom. Cet enfant déjà tout chamarré des insignes royaux, est le Dauphin de France ; c'est le fils de ces deux époux qui, insoucieux de leur rang, insoucieux de l'avenir, l'éveillent aujourd'hui par leurs cris joyeux. Mais le jour n'est pas loin où tout ce bruit de fête aura cessé, ces lieux seront déserts, et ce royal enfant ne sera plus qu'un orphelin. Prisonnier dans le Temple, il cherchera en vain la trace de ses parents décapités ; un cordonnier brutal sera le maître de ce fils de nos rois ; aidé de sa femme, sorte de mégère furieuse, il le maltraitera jour et nuit et lui arrachant ses derniers habits de prince, pour le couvrir de haillons : « Allons, fils de Capet, dira Simon, tes parents se sont assez joués de nous et de nos biens, à mon tour à présent ; rends-moi tes hardes, la partie sera bonne, je *joue au roi dépouillé.* »

DEUXIÈME PARTIE

CHAPITRE Ier

LES CONTES D'ENFANTS

Qu'ils sont heureux ceux qui écrivent pour l'enfance ! Qu'ils ont de gentils lecteurs, facilement amusés et plus facilement émerveillés ! Leur plume est d'or, leurs mots sont de perles, et leurs phrases de diamant. Tout reluit dans ce qu'ils écrivent, pour ces jeunes regards qui ne savent voir encore que le luisant des choses. Si d'aventure la fée imagination ne leur a pas été favorable, qu'importe ! Si elle n'a pas été souriante pour celui qui fait le conte, elle saura sourire à l'enfant qui l'écoute, et soyez bien sûr que quels que soient le peintre et le tableau, il verra ce qu'on lui voulait montrer, et croira toujours que c'est un chef-d'œuvre. Bien mieux, il ne cessera plus de le croire ; devenu grand, il conservera son admiration, qui n'aura fait que grandir avec lui ; et, vieillard, ses plus beaux rêves seront les fééries de son berceau.

Les écrivains dont la gloire est le moins contestable et surtout le moins contestée sont ceux qui se sont occupés de l'enfance. L'eussent-ils même ennuyée, fatiguée, morigénée, ils sont immortels. Voyez Lhomond, il a sa statue ! Pour toutes choses l'enfance est l'âge de la mémoire, et partant, de la reconnaissance. Elle n'a jamais oublié quoi que ce soit. Elle sait donner à tout ce qui frappe son regard une si grande et belle taille, qu'une fois entré dans son petit cerveau, rien n'en peut plus sortir.

Il en fut toujours ainsi, et cela fait que les choses de l'enfance sont immuablement les mêmes. La tradition de ce qu'elle aime ou de ce qu'elle craint, se perpétue sans lacune. Croquemitaine lui-même a son immortalité. A Rome on l'appelait *manducus* ; pendant le moyen âge la *baboue;* mais ces noms différents étaient la seule différence. Il avait la même face horrible, les mêmes dents et le même appétit. En ce temps-là seulement, les hommes partageaient un peu, pour ces épouvantails, la crainte que conservent encore les enfants. Le progrès nous a décidément affranchis, et l'on dit qu'il a bien fait. Craindre, c'est croire pourtant, et croire est si bon !

Les contes ont eu la même fortune. Quel enfant, de quel temps et de quel pays, s'est amusé le premier de ceux qui nous ont bercés nous-mêmes ? C'est ce qu'on ne saura jamais. Quel qu'il fût, ce bambin, peut-être antédiluvien, aura raconté, peut-être dans l'arche, le conte qui l'émerveillait à quelque autre enfant plus petit, lequel devenu un peu plus grand l'aura dit lui-même à son petit frère, et ainsi, de marmot en marmot, les nourrices et les *mies* suppléant çà et là par des inventions de leur crû aux légers oublis de la mémoire enfantine, tout nous est arrivé à travers les âges, modifié et transformé à peine, suivant la mode de chaque temps.

Ce que je dis des contes peut se dire des jeux. Allez en Suisse, par exemple, dans je ne sais quel coin de l'Oberland ; écoutez les paroles étranges que chantent les enfants dans leur jeu préféré, et quand la partie sera finie demandez-leur ce que signifie ce qu'ils viennent de chanter. Ils vous diront qu'ils l'ignorent ; interrogez les pères et les grands pères, qui se sont égayés du même amusement, ils vous feront une réponse semblable. Aucun d'eux n'a jamais su au juste ce qu'il chantait ; le sens qu'ils donnaient au chant, le plaisir du jeu leur suffisait. Il faudra vous en aller bien loin, bien loin, jusqu'au Danemarck, pour savoir ce que vous demandez ici. C'est là seulement que les paroles à deviner trouveront leur vocabulaire, et l'énigme son mot. Vous apprendrez que la contrée de l'Oberland, où vous fut posé le problème, eut pour premiers habitants des émigrés de la Scandinavie, dont le langage natal, peu à peu effacé et perdu, ne s'est conservé que dans le jeu de ces enfants, qui eux-mêmes ne comprennent plus ce qu'ils disent !

Mais n'allez pas si loin ; faites seulement le voyage de Normandie, et quand vous serez aux environs de Caen si vous rencontrez des gamins jouant, par les rues, à croix ou pile, en criant : *Ca pri tcha haut l'navia*, demandez-leur ce qu'ils disent, vous n'aurez pas de réponse plus satisfaisante. Serait-ce donc aussi du Scandinave, et auriez-vous encore affaire ici à quelque débris du langage apporté par les pirates du Nord ? Non, c'est du latin tout simplement. Ouvrez Macrobe au chapitre 7 du livre Ier des *Saturnales*, vous n'en douterez plus. Vous y trouverez le cri *capita aut navia*, que poussaient les gamins de l'époque Gallo-romaine, en jetant en l'air la pièce de monnaie qui d'un côté portait une tête et de l'autre un navire. Le *capri tcha haut l'navia* des gamins de Caen est la même chose en latin bas normand, et c'est peut-être tout ce qui reste de Rome en Basse-Normandie.

Je me trompe, on y conte l'histoire du *Petit-Poucet;* or il se pourrait qu'elle vienne aussi de Rome, ou du moins qu'elle y eût passé. Plusieurs prétendent que *Poucet* n'est qu'un dérivé du mot latin *pusio*, qui veut dire *petit drôle;* et quelques-uns trouvent même dans Pline l'indication d'une vignette toute prête pour *l'illustration* de ce conte si antique et si jeune : c'est un cyclope endormi dont un satyre pygmée mesure le pouce avec un thyrse minuscule. Le cyclope serait l'ogre, et le petit satyre qui lui mesure le pouce, serait Poucet ! Qu'en disent les savants ?

Une chose incontestée, c'est que l'Italie, où toute tradition romaine put survivre sans se dépayser, amusa, pendant le moyen âge, tous ses *bambini* des mêmes contes dont nos marmots s'amusent encore. Elle eut même son Perrault, dix ans avant que nous eussions le nôtre ; c'est Giovanni-Batista Basile qui, en 1674, fixa sous la forme naïve du patois napolitain, ces contes charmants qu'on sait avant de savoir lire ; qu'on n'a jamais lus une première fois, mais qu'on relit toujours.

Tout se trouvait dans le *Pentamerone* de Basile, aussi bien le *Petit-Poucet* que le *Chat botté*, aussi bien le *Chaperon rouge* que *Barbe-Bleue* et *Peau d'âne* que *Cendrillon*. Celle-ci, la *Cenerentola*, ne faisait là qu'une étape. Elle arrivait de bien plus loin. Elle venait d'Egypte où elle s'appelait Rhodope, où son prince charmant avait nom Flamotichus.

Strabon, le premier, avait recueilli son histoire ou l'avait déchiffrée sur quelque obélisque, et, d'après lui, Elien nous l'avait redite. C'est un conte aussi simple que celui de *Cendrillon*. Il ne s'est pas compliqué en marchant; quoiqu'il vienne de bien loin, il n'a presque rien ramassé sur sa route.

Rhodope est au bord du Nil, laissant aller au fil de l'eau ses pieds nus, blancs comme la neige. Un aigle passe et voit les souliers laissés sur le sable; il s'abat, en prend un et l'emporte. Ce n'était pas la pantoufle bordée de cette fourrure *de menu-vair*, qui a fait dire que le soulier de Cendrillon était une pantoufle de verre; c'était un tout petit et gentil *tabteb*, fait avec des filaments de palmier, teint en couleur de pourpre et parfumé de gomme odorante.

L'aigle volant toujours, passa au-dessus du jardin du roi Flamotichus et laissa tomber le soulier. Le roi s'en saisit, l'admira et devint tout à coup amoureux de celle dont il pouvait chausser le pied mignon; il la fit chercher et n'eut pas de repos qu'on ne la lui eût amenée. Rhodope ne se cachait guère; on la trouva donc bientôt. Elle n'était pas cruelle non plus; elle se laisse donc aimer, et le roi finit par l'épouser.

Si ce joli conte est venu d'Orient,

pourquoi de même les autres n'en viendraient-ils pas, comme en sont venues les fables, leurs aimables sœurs? La fée des amusants récits n'a vraiment pas d'autre patrie. Ailleurs, elle raisonne, elle est narquoise et satirique, comme en ce roman du *Renard*, par exemple, dont M. Paulin-Paris a donné une version adroitement arrangée pour les enfants et dans lequel l'imagination ne va jamais sans malice. Sur la terre d'Orient, la divine fée se contente d'émerveiller. Quiconque veut s'inspirer d'elle doit donc remonter à cette source; quiconque veut mettre sous leur véritable ciel, sur leur vrai terrain, quelques fleurs de féerie, doit donc habiter toujours, par l'imagination, cette contrée du soleil.

Michel Masson l'a pensé ainsi. Les deux plus jolis contes de son recueil, *la Gerbée*, sont des contes Orientaux. *Le Lotus à mille feuilles*, emprunté aux traditions *bouddhiques*, est un chef-d'œuvre de savoir habilement dissimulé, et de couleur adroitement fondue pour n'arriver tout juste qu'à la nuance simple de la vérité, sans barioler l'intérêt. Les *Quatorze journées d'Abdheram*, qu'en nos jeunes années nous avions lues dans le *Journal des Enfants*, composent une série de récits moraux, moins savants de forme peut-être, mais encore plus variés et plus intéressants. Je m'étonne que Michel Masson, qui s'entendait à ravir aux choses du théâtre, n'ait pas eu l'idée de faire de ce grand épisode de l'âge héroïque des Maures d'Espagne, une magnifique féerie en quatorze tableaux.

Le duc de Choiseul, qui avait été un homme des plus occupés et d'affaires très graves, se contentait de la lecture, mais il était insatiable. Toute la *Bibliothèque bleue* y passa ; il n'y avait pas de contes assez merveilleux pour satisfaire la soif de merveilles qui dévorait ce ministre en exil, sevré d'ambition par une irrémédiable disgrâce. Il lui fallait des fées pour le consoler des favorites. « Il se fait lire des contes de fées toute la journée, écrivait la duchesse à Mme du Deffand, en janvier 1771. C'est une lecture à laquelle nous nous sommes tous mis. Nous la trouvons aussi vraisemblable que l'histoire moderne. »

Quant on n'eût plus rien à lire, quand on eût tout dévoré, depuis Perrault jusqu'à Mme d'Aulnoy, et depuis Hamilton jusqu'à Mme Le Prince de Beaumont, comme cet appétit de fééries n'était pas encore assouvi, pour avoir des contes nouveaux on se mit à en faire. La duchesse en écrivit deux qui sont charmants : *Le Prince enchanté* et *La queue de vache*.

Voici comment prélude le premier : « Ma mie Margot, mon premier amour et mes premiers plaisirs, toi qui dans mon berceau rappelait le sommeil ou rouvrait ma paupière avec les contes si jolis de *ma mère l'oye*, de *Bellier mon ami*, raconte-moi quelque sublime histoire dont je puisse réjouir la compagnie. Non, dit Margot, baissons le ton ; il ne faut aux hommes que des contes d'enfants. »

Pour conclusion, moi, je m'en tiendrai à cet exorde.

CHAPITRE II

LA GYMNASTIQUE ET L'ESCRIME

I

Je vais, si vous le permettez, vous dire maintenant quelques mots sur la gymnastique.

Depuis longtemps, nos lycées ne forment que des hommes incomplets, chez lesquels la partie pensante l'emporte trop sur l'autre ; mauvaise fabrique d'armes, on n'y songe qu'à la lame, et le fourreau n'y est compté pour rien ; aussi est-il bientôt troué, et la lame se perd par là. Montaigne vous l'a cependant bien dit, vous devez à l'un autant qu'à l'autre : « Ce n'est pas une âme, ce n'est pas un corps qu'on dresse, c'est un homme : il n'en faut pas faire deux. » Et ailleurs : « Le corps, vous dit-il, a une grande part à notre estre ; il y tient un grand rang. Ainsi sa structure et composition sont de bien justes considérations. »

Plutarque en cela avait été son maître et Montaigne n'avait jamais oublié l'apologue si rempli de sens que le philosophe de Chéronée a mis dans les *œuvres morales :*

« Le bœuf dit un jour au chameau, son compagnon de voyage, qui refusait de le soulager d'une partie de son fardeau : « Eh bien ! tu me porteras bientôt, moi et toute ma charge. » Il succomba à la fatigue, et la prédiction du bœuf s'accomplit. C'est ce qui arrive à l'âme lorsqu'elle refuse de se prêter aux exigences du corps. Forcée alors d'abandonner les livres, l'étude et les exercices ordinaires, elle partage nécessairement les douleurs et la fatigue du corps. C'est donc avec raison que Platon nous conseille de ne point exercer le corps sans exercer l'âme, ni l'âme sans le corps, mais de les faire marcher de concert et même, pour ainsi dire, comme deux coursiers à un même char. »

C'est pitié de voir qu'en ce temps-ci nous n'apportons pas autant de bon sens dans l'éducation de nos enfants que le grotesque Grandgousier en avait apporté dans l'éducation de son cher fils Gargantua. Aux plus belles pages d'un chapitre qui est à tous égards un modèle de pédagogie, Rabelais nous fait voir les merveilleux exercices auxquels se livrait le gigantesque écolier. Ecoutez, vous croirez assister à une leçon de gymnastique chez Triat ; rien n'y manquera, pas même les *haltères*, que maître François avait trouvé décrites dans le *de Arte gymnastica* de Mercurialis, et qu'il n'a pas manqué, par conséquent, de mettre aux mains de son jeune géant.

« On luy attachoit, dit Rabelais, un cable en quelque haulte tour, pendant en terre ; par y celui avec deux mains montoit, puis desvaloit si roidement et si asseurément que plus ne pourriez parmi un pré bien égallé. On luy mettoit une grosse perche appuyée à deux arbres, à icelle se pendoit par les mains, et d'icelle alloit et venoit sans des pieds à rien toucher..... et pour galentir (rendre dispos) les nerfs, on lui avait fait deux gros saulmons de plomb..... lesquels il nommait Haltères. Icelles les prenoit de terre en chascune main et le eslevoit en l'air au-dessus de sa teste. »

Voilà donc ce que Rabelais racontait

du temps de François Iᵉʳ, voilà ce qu'il conseillait par un amusant exemple, et quoique l'avis fût donné en riant, ce qui était la meilleure manière de le faire écouter en France, il n'a pas été suivi. Nous restons avec la courte honte de n'avoir vu, pendant trois siècles, qu'une facétie dans cette excellente leçon de gymnastique. Ce n'est pas en cela notre seule ignominie ; comme s'il ne suffisait pas que la France du XIXᵉ siècle s'en laissât remontrer à ce sujet par la France du XVIᵉ siècle, elle se laisse encore distancer par un des peuples que dans notre superbe nous traitons d'arriérés, de barbares. En Perse, on s'entend mille fois mieux que nous pour tout ce qui concerne la gymnastique. Il est vrai que si nous voulions bien suivre les enseignements de Triat, il ne faudrait pas un mois pour que le plus inhabile d'entre nous ne pût faire leçon au plus habile de l'Iran.

A Schiraz, on trouve un gymnase dans chaque rue, j'allais presque dire dans chaque maison : — « C'est, écrit M. Depping, dans des salles vastes et fraîches que l'on se livre à toutes sortes d'exercices du corps pour acquérir de la souplesse et de la vigueur. » Au lieu de Haltères on lève des mils (massues). Le capitaine d'Argy a décrit la curieuse manière de s'en servir, dans une brochure spéciale sur cette *Gymnastique des Perses modernes*.

Les femmes en Orient ne peuvent prendre part à ces exercices, et ce n'est pas un des moindres malheurs de leur claustration. Mais puisqu'elles sont libres chez nous, que ne profitent-elles du bienfait de cette liberté, pour aller demander au gymnase la force de supporter plus vaillamment les fatigues des veilles et du plaisir, et avec cette force un éclat de beauté plus vif et plus vermeil. Si ce n'est une question de santé pour elles, que ce soit au moins une question de coquetterie. Une institutrice marseillaise qui, il y a vingt ans à peu près, fit un livre sur ces exercices dont les femmes se trouveraient si bien, s'y était prise de la bonne manière pour se faire écouter : « La gymnastique, leur disait-elle, et c'était vrai, du reste, est une Jouvence inépuisable, on y trouve jeunesse éternelle et beauté sans éclipse. » Si elle eût parlé de santé, on eût à peine pris garde à son livre qui eut un grand succès. Il portait ce joli titre : *Callistenie ou gymnastique élégante à l'usage des jeunes filles.*

S'il vous fallait des exemples pour vous encourager, Mesdames, à courir au gymnase, je ne vous en citerais qu'un seul, celui de l'Impératrice Eugénie.

Toute jeune fille, dit M. Tripier le Franc, dans son beau livre sur M. Delessert, elle prenait des leçons de gymnastique avec les enfants de M. Gabriel Delessert, sous la direction de M. Delestrée, capitaine aux sapeurs-pompiers. Le salon rouge de la Préfecture de Police servait aux évolutions.

Un jour, en y entrant, les yeux de la jeune fille se rencontrèrent avec le regard d'un jeune homme au front soucieux qui sortait, accompagné de M. Delessert : c'était le prince Louis-Napoléon, qui après une halte à l'hôtel du Préfet, reprenait une dernière fois le chemin de l'exil. Quelques années après, le prince et la jeune fille étaient l'Empereur et l'Impératrice.

Je parlais de la santé tout à l'heure, et j'avais raison : elle trouve dans la gymnastique sa plus solide armure. C'est au gymnase seulement qu'on peut s'armer en guerre contre les maladies. L'Empereur Napoléon Ier, qui n'avait pas grand temps à consacrer à ces exercices, et qui le regretta bien des fois, en fit assez cependant pour se garantir en plus d'une circonstance. Quelques frictions le matin et le soir, c'est tout ce qu'il avait le temps de se permettre.

Il ne lui en fallut pas davantage pour se sauver de la contagion en Egypte. Il l'a dit lui-même, à Sainte-Hélène, au Docteur O'Meara : « Je faisais plus avec ma brosse et avec ma flanelle que les médecins avec toutes leurs drogues. »

Les dangers de la maladie ne sont pas les seuls que la gymnastique puisse vous mettre en état de braver. C'est en songeant aux périls de toutes sortes qui attendent l'homme des villes ou celui des campagnes, à chacun de ses pas dans la vie, fût-il des plus calmes et des plus inoffensifs, que Mme de Genlis a écrit : « La plus parfaite éducation est celle dont le plan est formé d'après les calculs et les combinaisons de la prévoyance la plus étendue.

« L'avenir d'un jeune homme offre à l'imagination une multitude de dangers, de travaux inévitables. Sa vie, son honneur même pourra dépendre du développement complet de sa force physique. » Elle aurait pu ajouter : et de son adresse corporelle.

Tout n'est pas plaisir dans les voyages. La curiosité souvent y a ses périls, c'est alors que la gymnastique est nécessaire. Gare au casse-cou pour le touriste qui n'est pas allé auparavant prendre des leçons de grimpage, de marche de côté, de passe rivière, etc.

Amoros ne se tira de la caverne du cap Spartel, près Tanger, que grâce à la gymnastique. La tentative était hardie; mais il était curieux, il se sentait agile et fort, il se risqua. Il fallait descendre d'une hauteur prodigieuse sur un roc à pic, surplombant une mer agitée. Bien peu de gens l'avaient osé, et moi-même, dit Amoros, je n'en aurais pas couru le risque, si l'exemple du consul espagnol, M. Salmon, habitué à cette descente, ne m'eût entraîné malgré moi. « J'avais déjà, continue-t-il, vaincu plusieurs difficultés, ayant été quatre et cinq fois sur le point de perdre l'équilibre et de tomber à la mer, au milieu d'un gouffre de rochers et de vagues furieuses, dont le choc imprimait même un certain mouvement à la montagne, lorsque je me trouvai au commencement d'un sentier de deux pieds et demi de largeur, par lequel je devais passer, en inclinant le corps vers la mer, car une énorme roche saillante m'empêchait de marcher droit.

« Le consul passa cet endroit périlleux, je ne sais comment : occupé à regarder le bloc énorme, je ne vis pas le mouvement de mon guide. Il fallait prendre un parti, et je choisis celui de marcher de côté vers la droite, les mains accrochées aux inégalités du rocher. Mais lorsque j'étais au milieu de ce trajet, qui pouvait avoir vingt pieds de longueur, et qui se trouvait à quinze ou seize du niveau de la mer, très près déjà de la caverne, j'entends le consul, que je ne voyais plus, me crier : « Courez, courez, garde à vous ! » Et je sens en même temps qu'une énorme vague s'approche et va se déchirer contre le rocher où j'étais cramponné et si mal placé. Au lieu de courir, je m'y attache le plus fortement possible ; la vague frappe avec violence contre mon dos, et se retire aussi rapidement qu'elle était venue. Si j'avais pris le parti de passer en rampant, ou en me traînant sur les bras et les genoux, j'aurais été emporté par la vague. Cet accident me procura une bonne leçon de gymnastique, et la plus grande partie de celles que je donne, ce sont précisément les circonstances qui me les ont enseignées ; il n'y a pas, dit-il en finissant, de maître plus savant que le danger. »

Soit, mais il faut savoir profiter de la périlleuse expérience, et compléter par d'autres les leçons qui s'y trouvent. Si vous n'êtes pas en état de braver avec la force et l'adresse ce danger qui commence la leçon par le combat, vous serez vaincu ; demandez à M. de Jorry, dont la vie courut de si terribles risques dans une scierie de bois, dont il était chargé de lever le plan. C'est la gymnastique qui le sauva. Il lui dut, quand le danger se présenta, l'immense avantage de rester calme et de ne pas perdre la tête. La force qu'il avait acquise dans ses exercices fit le reste.

Afin d'achever de lever le plan du moulin, il était descendu dans une des roues qui était alors au repos. Au moment où il prenait quelques longueurs, un ouvrier qui n'avait pas été prévenu comme les autres, tira la vanne qui empêchait l'eau d'arriver à la roue.

Elle reprit aussitôt son mouvement « et, dit M. de Jorry, me voilà tournant avec elle ; mon bonnet de police et mon mètre furent précipités dans la petite rivière qui alimente l'usine ; mais moi, appliquant aussitôt ce que je savais de gymnastique, je me tins si fortement entre les raies de la roue, qu'il ne m'arriva pas le moindre accident, quoique dans cette rotation je me trouvai deux fois la tête en bas. Un de mes camarades qui écrivait sous ma dictée les longueurs à mesure que je les prenais, appela et l'on arrêta la machine. »

Vous voyez quelles forces, quelles ressources, la gymnastique tient à la disposition de l'homme, et cependant qu'en savons-nous faire, nous autres gens de Paris ?

II

En France, tout homme est soldat par le cœur ; mais est-il en état de l'être par le corps ? la force de ses muscles répond-elle à celle de son patriotisme ? a-t-il en lui le premier instrument de la guerre, comme il en a le vaillant instinct? C'est une question à laquelle il ne nous semble pas possible de répondre par une complète affirmative, en ce temps d'indifférence et de mépris coupable pour l'éducation physique.

Les œuvres de l'industrie, qui sont les travaux de la paix, ont lassé, bien plus qu'on ne se l'imagine, les forces de la population. Par les fatigues continuelles et jamais réparées dont elles ont été la source ; par leur accaparement complet de l'homme, qui toujours dépensait sa vigueur et ne faisait rien pour la récupérer, quarante années de paix et d'industrie ont fait autant, pour cet affaiblissement, que quarante années de guerre.

Les manufactures ont dévoré tout autant d'hommes que les grandes batailles, avec cette seule différence que celles-ci les voyaient mourir soldats, tandis que les autres les ont dévorés enfants.

Comment serait-il possible que de jeunes garçons travaillant dans les ateliers à partir de l'âge de quinze ans ; que de pauvres enfants dépensant par jour jusqu'à treize et quatorze heures d'une force qu'ils ont à peine et qu'on ne leur donne jamais le temps de renouveler, en de sains et vigoureux exercices, soient en état de manier lestement le fusil, de faire des manœuvres et des marches forcées, quand leur vingt ans étant sonnés on vient leur dire : Vous êtes soldats !

Tous répondent d'élan à cet appel ; au lieu d'obscures fatigues, on les convie à de glorieuses épreuves ; au lieu d'épuiser leur vie sur de dévorantes machines, pour un maigre salaire, ils pourront la vendre chèrement devant l'ennemi ; l'échange est trop avantageux pour qu'ils ne l'acceptent pas de grand cœur. On leur a crié : « Vous êtes soldats ! » et ils ont répondu : « En avant ! » Mais on les examine, on mesure leur taille, on palpe leurs membres et leurs reins, on les fait tenir droit pour voir s'il n'y a dans les hanches ou dans les épaules aucune déviation, et après cet examen bon nombre sont renvoyés d'où ils viennent. La manufacture ou l'usine les gardent; il semble qu'en égoïste, l'industrie s'est plue à les briser ou à les empêcher de croître pour avoir le droit de ne pas les rendre

Le mal est réel, mais le remède est si facile ! Le docteur Lallemand, que cette question préoccupait déjà il y a douze ans, n'en voyait qu'un seul, le même que j'ai déjà indiqué : la gymnastique. Là, je le répète avec lui, se trouve l'unique espoir non seulement de réparer, mais de décupler les forces de la population.

Pour preuve, l'illustre et regrettable savant appelait notre attention sur les résultats obtenus par l'introduction de la gymnastique dans l'armée, résultats considérables, bien que cette gymnastique militaire ne fût pas encore à son avis d'une organisation sans reproche : « Les changements qu'on observe, en moins d'une année, disait-il, sur les plus chétifs conscrits de l'armée par l'influence des gymnases, permettent de comprendre tout ce que l'antiquité pouvait tirer des moyens plus puissants et plus largement appliqués, agissant de bonne heure sur des populations qui avaient hérité de la vigueur des générations précédentes, vigueur développée et entretenue sans interruption par la passion traditionnelle de ces mêmes exercices. »

L'auteur de l'excellent livre les *zouaves et les chasseurs à pied*, constate aussi cette influence, dont la vigueur et l'agilité des jeunes soldats, ses héros, sont du reste la plus vivante preuve. La première fois que les chasseurs à pied furent envoyés en Afrique, il se trouva que, grâce à leur éducation gymnastique, ils étaient aussi bien rompus aux marches et aux fatigues que les soldats qui servaient depuis le plus longtemps.

Cet usage d'un exercice régulier est si bienfaisant pour les forces, que, fût-il des plus simples, on arrive bientôt, grâce à lui, à d'efficaces résultats. Jugez de ce qu'on pourrait obtenir avec une gymnastique complète et bien entendue !

Je vais encore à ce sujet laisser la parole au docteur Lallemand :

« A Montpellier, dit-il, un mulâtre, ancien maître d'armes du génie, avait adopté une pauvre petite orpheline pâle, lymphatique, affectée d'engorgements scrofuleux et menacée de rachitisme. D'après ses propres observations sur les effets des exercices, l'excellent et judicieux Jean-Louis s'occupa de lui donner des leçons d'escrime ; elles furent d'abord rares et courtes, ensuite plus rapprochées et plus prolongées. A mesure que les forces firent des progrès, la constitution de l'enfant se modifia peu à peu sans le secours d'aucun traitement; le développement de la taille fut ensuite rapide et régulier; enfin la conformation et la santé ne laissèrent plus rien à désirer, et la jeune fille fut mise en pension pour complèter son éducation intellectuelle, un peu négligée tant que le physique avait donné des inquiétudes.

« Mais, quelques mois après, l'appétit diminua, la fraîcheur disparut, toutes les fonctions se dérangèrent successivement et le dépérissement suivit une marche rapide, quoiqu'il n'existât aucune maladie apparente ; il ne s'était pas écoulé six mois que son père adoptif était obligé de la rappeler. Avec son bon sens ordinaire il la remit aussitôt à ses leçons d'armes, et le rétablissement ne se fit pas attendre longtemps.

» Depuis ce temps, l'escrime fut pour elle un besoin de conservation ; elle y est devenue très forte, et dès lors elle a pu remplacer son maître près des jeunes personnes dont la taille se déviait. Elle était à la fois l'argument le plus propre à convaincre les parents et le moyen le plus naturel de lever leur scrupule de décence. »

Cela dit, je n'ai plus qu'à conclure :

Qu'on rendé à des exercices sagement réglés, dont les heures seront intelligemment alternées avec celles du travail et du repos, toute cette jeunesse de nos villes et de nos campagnes dont la vigueur s'énerve par une prodigalité de force mal entendue, et qu'on établisse dans les collèges et dans les pensionnats des gymnastiques intelligentes, c'est-à-dire différentes de la plupart de celles qui peuvent se trouver à présent dans un trop petit nombre de ces établissements, et l'on verra bientôt avec quelle rapidité s'opérera l'amélioration d'une race qui, sans cela, passerait sans tarder des apparences de l'abâtardissement à ses plus tristes et ses plus irrémédiables réalités.

Ayez un sage régulateur de ces bienfaisants exercices, un homme qui les ait élevés à l'état de pratique certaine, de science exacte ; qui sache organiser la dépense vitale de l'homme, la somme de forces qu'il doit acquérir et donner chaque jour, comme on règle l'actif et le passif d'une maison de commerce ; qui vous dise, lui aussi, par *doit* et *avoir* : Ne livrez à la fatigue que ce que l'exercice pourra réparer. N'exagérez rien, mesurez vos efforts sur vos forces. Faites que chacune des parties du corps ait son développement proportionné, sans que la vigueur de l'une s'accroisse au détriment de l'autre. Sachez enfin entretenir la force par une activité intelligente, et l'échange devenant réciproque, vous aurez des forces pour tous les besoins de votre activité.

Avec un pareil homme, dont on ferait, pour ainsi dire, le réorganisateur de la vigueur humaine; avec un pareil maître, qui saurait, sans beaucoup de temps, en créer bon nombre d'autres, on rendrait à tous je ne sais quelle énergie corporelle en harmonie avec l'énergie des sentiments et du courage, en un mot, ce ressort vital longtemps détendu sous l'atonie des mœurs trop casanières, sous l'indifférence de l'homme envers lui-même.

Le docteur Lallemand avait donné le premier les conseils que nous reproduisons ici.

Il disait mieux encore : « Puisse le gouvernement comprendre l'importance de cette réaction et favoriser une entreprise dont il aurait dû prendre l'initiative. » C'est en 1847 qu'il formait ce vœu si intelligent. La révolution de Février ne laissa pas à Louis-Philippe le temps de l'exaucer ; la République n'en prit pas le moindre souci ; mais puisque l'occasion est, je le répète, plus que jamais opportune, nous espérons qu'aujourd'hui enfin le souhait de l'illustre docteur sera pris en considération.

CHAPITRE III

L'ÉDUCATION DES PETITS OISEAUX

I

Il y eut le 8 juin 1861 grand deuil et tristesse profonde dans le monde des oiseaux. L'homme qui les aimait le mieux, et qui pendant sa longue existence de quatre-vingt-quatre ans s'était fait un bonheur de prodiguer à toutes les familles de l'air les soins les plus intelligents, les plus paternels, le noble portugais Da-Gama Machado venait de mourir.

Il habitait, à l'angle du quai Voltaire et de la rue des Saints-Pères, un appartement dans lequel tout, jusqu'au plus petit recoin, était volière ou bibliothèque; car M. Machado aimait les livres aussi, mais à la condition qu'ils lui parleraient de ses chers oiseaux et l'instruiraient de leurs mœurs.

Il était fort riche, et cependant il habitait un troisième étage ; il était bien vieux; soixante marches à monter étaient une fatigue pour ses jambes d'octogénaire, et pourtant jamais il ne voulut loger plus bas. Les oiseaux, dont il était l'hôte bien plus que le maître, n'eussent plus alors été assez près du ciel, et ceux du dehors qui venaient le visiter à ses fenêtres, où les attendait chaque jour un repas de leur goût, n'auraient plus alors trouvé, pour s'abattre à leur aise, un perchoir assez élevé et assez commode.

Tout était de sa part étude et soins pour connaître les besoins de ses petits amis et les prévenir. Il savait, par exemple, à quelle heure le sansonnet aime à déjeuner ; à quelle autre heure l'appétit du roitelet s'éveille et par quel cri particulier il s'annonce. Or, pour chaque individu de la grande famille, il en était de même. Aussi fallait-il voir comme il en était aimé ; quelle joie c'était dans toutes ces chambres changées en volières, quand il y entrait ! Comme on y battait des ailes ! Comme chacun, en sifflant sa chanson, voltigeait à l'entour de lui, ou venait se percher sur ses bras, sur sa tête, sur ses épaules !

Ce que les oiseaux aimaient en M. de Machado, c'est qu'il ne les trompait jamais ; c'est que, par exemple, il ne leur montrait pas quelques graines friandes sans leur en servir aussitôt, et ne leur faisait pas entrevoir la liberté sans la leur donner sur-le-champ.

Si, disait-il un jour à M. Champfleury, qui lui a consacré un curieux chapitre de son livre *Des excentriques*, si je veux conserver l'amitié de chacun d'eux, il ne faut jamais les tromper. Le travail du cabinet, ajoutait-il, exige moins de fatigues que la surveillance que réclament mes petits compagnons. Il faut des soins continuels pour éloigner d'eux les maladies, et pour maintenir la paix dans la petite famille où l'harmonie, de même que chez nous, ne règne pas toujours.

Et à ce propos, il entrait dans toutes sortes de détails sur l'humeur plus ou moins batailleuse ou plus ou moins pacifique des différentes espèces. Le roitelet, suivant lui, était de tous le plus querelleur, peut-être le plus belliqueux.

C'est, disait-il, le roquet des oiseaux, toujours prêt aux coups de bec, comme le roquet aux coups de dents. Toute société, même celle du ménage, lui est impossible. Au bout de quelques jours d'intimité dans le nid, il tue sa compane ou il est tué par elle. Ceci, disait gravement M. Machado pour conclure, ceci vient de ce que les ressorts du cerveau de la famille des troglodites, à laquelle appartient le roitelet, sont montés pour les batailles.

Il expliquait de la même manière les différents instincts de tous les autres. Il avait fait pour cela une étude approfondie du système de Gall, appliqué à l'ornithologie.

Pas un livre traitant de phrénologie ne lui était inconnu. Il en possédait même qui ne se trouvaient que chez lui. Quand le docteur Belhomme fit à l'Athénée, en 1842, ses remarquables leçons sur les *maladies du cerveau*, et dut par conséquent étudier en détail, même dans ses antécédents, la méthode de Gall et de Spurzheim, c'est seulement chez M. Machado qu'il trouva le curieux dessin de Lelièvre, par lequel il est prouvé jusqu'à l'évidence que, dès 1500, la phrénologie était déjà connue à peu près telle que Gall la ressuscita.

Son savoir phrénologique lui permettait de faire entre l'homme et les oiseaux un travail de comparaison qui tournait rarement à l'avantage du premier. Les plus mal doués, parmi les petits êtres dont il avait fait ses amis, lui semblaient, comme intelligence et constitution, de beaucoup supérieurs à l'être humain.

Pour connaître à fond son dédain de notre espèce, son mépris pour ce corps de l'homme si vanté, bien que ce ne soit, suivant lui, « qu'une machine composée de mauvais ressorts à peu près rouillés, » il faut lire le plus important et aussi le plus étrange de ses livres, la *Théorie des ressemblances*.

On y verra comment il n'est pas d'oiseau qui ne soit mieux pourvu, mieux bâti, mieux armé que nous, comment, par exemple, le petit-duc, cet affreux hibou dont les souris sont le régal, est une merveille auprès de l'homme, surtout sous le rapport des *torticolis*, qu'il ne connut jamais, et dont nous, au contraire, nous sommes affligés dès que nous faisons une évolution du cou un peu trop violente. « Oui, certes, s'écrie M. Machado, le petit-duc a sur l'homme un grand avantage en ce qu'il tourne la tête tout autour de la colonne vertébrale, tandis que nous ne tournons la nôtre que d'un tiers. »

Dans ce même livre étrange, le sansonnet explique lui-même sa supériorité sur l'homme avec le bavardage qui lui est naturel. Seulement, si je le savais babillard, je le croyais modeste; vous allez voir qu'il ne l'est pas : « Mon cerveau, dit-il à l'homme en se rengorgeant, mon cerveau et mon cervelet, partagés en deux hémisphères, sont semblables aux vôtres. Par le sens de la vue, le sens de l'ouïe, le sens du goût, le sens de l'odorat, je l'emporte sur vous. Le sens du toucher, je vous l'abandonne ; mon estomac, muni de muscles vigoureux, est plus parfait que le vôtre. Vantez la perfection de vos nombreux organes; travaillez jour et nuit pour gagner votre nourriture ; terminez votre existence dans les angoisses ; pour la prolonger de quelques heures, recourez à vos ventouses, à vos sinapismes, vos sangsues, votre saignée, votre moxa, votre calomel, votre ipécacuanha. Mes ailes valent bien vos ballons et vos machines à vapeur. »

Il n'est pas jusqu'à la vipère, chez laquelle, à côté d'horribles facultés trop bien partagées d'ailleurs par plus d'un homme, M. Machado ne trouvât de précieux avantages dont l'être humain ne semble pas être doué. « Si, lui fait-il dire, si ma morsure est souvent mortelle, par compensation, ma chair guérit bien des maladies. »

Il n'y a que les cannibales qui puissent nous apprendre si la chair de l'homme possède, elle aussi, de ces qualités-là !...

En beaucoup d'endroits, le savant Portugais nous dit encore notre fait de la belle manière : « Les guerres de religion, a-t-il écrit entre autres choses sensées, vengent bien les animaux du mépris que nous leur témoignons. »

Ailleurs sur une question moins grave, il dit avec non moins de justesse : « Les oiseaux chantent rarement faux ; chez l'homme le chant n'est pas naturel ! » Aussi M. Machado, quoiqu'il aimât les théâtres, n'allait jamais à l'Opéra.

Son seul spectacle était la Comédie-Française, où il fut abonné cinquante-quatre ans. Jusqu'en 1857, on l'y vit chaque soir. Il s'y plaisait fort, quoiqu'il trouvât encore qu'on y chantait beaucoup trop, surtout lorsqu'on jouait la tragédie.

Son dédain de l'humanité n'excluait pas chez lui la bonté pour l'homme ; loin de là. Sa pitié pour la malheureuse espèce le rendait charitable envers chacun des individus qu'il voyait plus malheureux que les autres. N'étaient-ce pas aussi des enfants de cette mère nature à laquelle il devait ses chers oiseaux? Sa fortune se partageait entre ces amis qui lui venaient du ciel, et les pauvres pour lesquels il prenait la peine de descendre un peu sur la terre. Les uns et les autres lui firent cortège quand il partit pour sa dernière demeure.

Ce jour-là, à trois heures de l'après-midi, le quai Voltaire se couvrit tout à coup d'une multitude de pauvres gens en blouse, en haillons, puis d'une longue file de petits enfants des écoles de charité, tous clients assidus de la bienfaisance du bon Portugais. Il comptait sur cette dernière visite de leur part, et il avait voulu que le luxe de son convoi ne fît pas disparate avec leur pauvreté. C'est le corbillard des pauvres qui emporta cet excellent homme, que tant de pauvres suivaient et bénissaient en pleurant.

Quand le convoi se mit en marche, à trois heures sonnantes, une nuée d'oiseaux s'envola tout à coup des fenêtres de l'appartement, leur perchoir de chaque jour. C'était des corbeaux et des pigeons des Tuileries qui venaient d'achever, en de larges terrines remplies de la pâtée quotidienne, le repas que le défunt avait ordonné de leur servir ce jour là pour la dernière fois. Il avait tout prévu, tout combiné.

Si, d'après ses derniers ordres, son convoi ne partit qu'à trois heures, c'est qu'il avait deviné qu'alors le repas de ses amis serait terminé, et que tout le long du quai et du pont Royal, jusqu'aux Tuileries, ils pourraient l'accompagner de leurs cris joyeux.

Il y a quelques années une personne fort connue sous le nom de Maria Stella, s'était fait aussi la providence des oiseaux des Tuileries, et sa mort y causa la désolation la plus bruyante.

« Un soir que je traversais le jardin, dit M. Toussenel, dans son *Monde des Oiseaux*, mes regards furent tout à coup tirés en haut par un tumulte étrange. C'étaient des trombes épaisses de moineaux francs qui tourbillonnaient dans l'espace au-dessus des grands arbres, comme emportés par les vents de tempête, et qui remplissaient l'air de tapage et de cris... C'était Maria Stella qui venait de mourir... Elle habitait rue de Rivoli, au quatrième étage, un appartement à balcon, où elle avait fondé une table d'hôte pour la société d'élite des moineaux parisiens, qu'elle recevait tous les jours à heure fixe. Or, il y avait déjà deux jours que les fenêtres hospitalières de la salle à manger ne s'étaient ouvertes, et que les pensionnaires affligés n'avaient aperçu leur hôtesse, et la douleur de son absence était cause de leurs gémissements. Leur deuil dura huit jours. »

Celui de la mort de M. Machado dure encore chez les corbeaux et les pigeons des Tuileries.

II

Il y a merveilles et merveilles comme il y a fagots et fagots. Or, ce que je me suis proposé de vous faire connaître aujourd'hui rentre dans la catégorie des choses qui sont vraiment de charmantes et, qui plus est, d'authentiques merveilles. Charmantes, vous allez en juger ; authentiques, j'en réponds, car j'ai vu de mes yeux, armé d'un lorgnon dont je suis sûr, j'ai touché de mes mains les preuves de ce que je vais vous conter. S'il fallait qu'il y eût, du compérage dans tout cela, c'est moi qui aurais été le compère et je suis bien sûr de ne pas l'avoir été.

Ces enchantements ne traînent pas après eux le lourd attirail des joueurs de gobelets et des faiseurs de tours de passe-passe. C'est de la magie vivante, ailée : des oiseaux sont les instruments du magicien.

Ils sont là trois ou quatre dans une cage, véritable palais à barreaux dorés. M. Tréfeu, leur professeur, ouvre la porte, et les voilà dans la chambre. Comme tout bon enchanteur, il tient en main une baguette ; mais ne croyez pas qu'il va s'en servir pour dire : sautez muscade. C'est tout simplement un perchoir pour ses gentils élèves.

De la baguette du maître, ils s'en vont voletant, sautelant sur une sorte de long casier placé devant la cage et rempli de six à sept cents cartes, dont on ne voit que la tranche, et qui sont toutes de forme et de dimension égales. Chacune d'elles porte écrit, sur fond bleu avec lettres d'argent, soit un mot, soit un nom, soit un chiffre. Adressez une question à l'oiseau ; la réponse, s'il ne faut qu'un mot pour la faire, se trouvera toute formulée sur l'une ou l'autre de ces sept cents cartes. Il ne faut que la chercher ; je ne m'en chargerai pas, ni vous non plus, sans doute ; mais laissez faire les magiques oiseaux : ils n'hésiteront pas longtemps. Interrogez celui des quatre que vous voudrez, et votre question à peine faite, vous le verrez qui, avec la pointe de son petit bec rose, vous en tirera prestement la réponse du milieu de ce chaos de chiffres, de mots et de noms.

Votre question exige-t-elle pour réponse non plus un seul mot, mais une ou plusieurs phrases, il ne sera pas plus embarrassé. Dans le casier se trouve un alphabet mobile, dont les lettres sont mêlées avec le reste. Il trouvera une à une et vous alignera sur le devant du casier toutes celles qu'il faut pour former les phrases nécessaires. Il n'oubliera pas un mot, soyez-en sûr, pas une lettre non plus. Les élèves de M. Tréfeu savent l'orthographe, ils ont fait leurs classes.

Mais vous me direz : « C'est lui qui dirige tout, qui fait tout. Il est d'intelligence avec ses petits compères. Il les a si bien dressés qu'il ne lui faut qu'un signe imperceptible pour leur communiquer un ordre. Il met sans doute sur chaque carte un enduit qui les attire, etc. etc. » Je vais en deux mots vous faire voir que vous vous trompez.

Pour qu'il pût communiquer à ses oiseaux, par signe ou autrement, l'ordre d'où dépend la réponse demandée il faudrait qu'il connût lui-même la question. C'est un point indispensable ; qu'en dites-vous ? Or, il ne la connaît pas ; vous seul, qui l'avez faite, la connaissez. Vous l'avez écrite mystérieusement dans votre coin, puis après avoir soigneusement plié, en quatre ou en huit, le petit carré de papier, vous l'avez gardé dans votre main. Vous êtes donc bien seul à savoir ce que vous avez demandé. Cependant, voici déjà que l'un des petits devins de M. Tréfeu se met à vous répondre ; il tient votre secret, et il va vous en dire le mot. Becquetant de ci de là sur le casier, il le tire, ce mot, lettre par lettre ; il est bientôt complet. Vous lisez avec stupeur, vous êtes bien sûr de ce que vous avez sous les yeux, mais, comme il arrive pour toutes ces choses merveilleuses dont l'esprit humain s'est déshabitué pendant des siècles, vous voyez..... et vous ne croyez pas.

Un soir, dans un salon du faubourg Saint-Germain, une dame écrivit cette question : *Quelle est la personne ici présente qui a fait le plus long voyage?* puis elle plia le papier et le garda. Une minute après, l'un des oiseaux avait répondu. Il avait tiré du casier les deux mots : *Berthe* et *Calcutta*. Or, dans le salon, se trouvait une personne dont le nom était Berthe, et qui, en effet, avait longtemps séjourné à Calcutta.

Un autre soir, M. Tréfeu nous avait réunis quelques-uns, pour examiner sérieusement ses merveilles. Chacun avait écrit sa question, et les bulletins, hermétiquement pliés, avaient été déposés dans un chapeau. Une dame fut priée de faire le triage, comme s'il s'agissait d'une loterie ; le premier billet qui sortit me fut remis, avec prière de ne le déplier que lorsque la réponse serait faite. L'oiseau qui s'était chargé de la faire, et qui déjà nous avait émerveillés à plusieurs reprises, était un de ces charmants individus du genre tangara, que les savants nomment un *pyranga*, mais que plus communément, on appelle un *cardinal*, à cause des rouges couleurs de ses plumes.

Il semblait pressé de répondre, et il commença par nous exhiber un *oui* très laconique ; c'était vague et peu convaincant. M. Tréfeu insista pour qu'il s'expliquât d'une façon plus claire ; il obéit, et son bec énergique nous tira une à une et par ordre, les douze lettres qui forment ces trois mots : *Je vaux l'aigle*. C'était peu modeste de la part de notre cardinal, mais tout le monde qui venait de le voir à l'œuvre applaudit de bon cœur à ce petit accès de vanité. On l'y avait forcé d'ailleurs, par le bulletin auquel il devait répondre, et que je pus enfin déplier. Voici ce qui s'y trouvait :

L'aigle n'est qu'un *serin* auprès du cardinal !

Vous allez crier que je suis un fou, un niais de crédulité ; que ce que je vous conte là sont des contes de ma grand'mère, avec un oiseau rouge au lieu de l'oiseau bleu. Tant que vous voudrez ; mais franchement si vous tenez à crier, criez plutôt au prodige.

Vous me demandez si je comprends ; non certes, et je ne cherche pas à comprendre. Où serait le mérite de croire si je comprenais? Je fais là, comme en toutes les choses surnaturelles qui sont du domaine du magnétisme humain, je me recueille, j'admire et j'arrive à la foi par l'admiration. Je savais déjà que l'homme était le premier des êtres ; que tous les autres lui étaient soumis comme des esclaves ; maintenant, je crois que, par un nouvel effort de sa volonté, ces esclaves peuvent cesser d'être des machines animées et devenir aussi intelligents que lui.

La sphère humaine alors s'agrandit à mes yeux ; je deviens plus fier de sentir en moi un rayon de l'âme universelle, car je vois mieux, que si elle nous fut donnée, c'est afin que nous fussions pour toute la nature les dispensateurs intelligents de cette force vivifiante.

Les anciens le savaient bien. Dans l'Inde, les prodiges accomplis par M. Tréfeu sont des pratiques sacrées. C'est d'un Indien qu'il a tout appris. Henri Delaage, auquel il a bien voulu dire une partie de son secret, vous dira au chapitre XII de la nouvelle édition du *Monde occulte* (p. 141) comment notre enchanteur fut initié et comment il procède.

8.

Vous y verrez combien il y a peu de différence entre ce thérapeute en habit noir et les brahmes indiens, combien les merveilles dont il nous rend témoins se rapprochent de celle qui composait toute la magie d'Apollonius de Thyane et celle de ce prêtre de Saint-Severin qui, sous Louis XIV, élevait des pigeons au haut de sa maison et leur faisait rendre des oracles. Seulement le prêtre faillit être brûlé sous Louis XIV, et maintenant on se contente d'admirer et d'applaudir M. Tréfeu.

C'est par cette admiration, non par la flamme des bûchers, que se fera la lumière.

« Dans *Teverino*, dit Mme Sand, au chapitre Ier des *Mémoires de sa vie*, j'ai inventé une jeune fille ayant pouvoir, comme la première Eve, sur les oiseaux de la création, et je veux dire ici que ce n'est pas là une pure fantaisie ; pas plus que les nouvelles qu'on raconte en ce genre du poétique et admirable imposteur Apollonius de Thyane, ne sont des fables contraires à l'esprit du christianisme.

« Nous vivons dans un temps où l'on n'explique pas bien encore les causes naturelles. Mais pour n'être pas toutes sondées et définies, elles n'en sont pas moins conformes à l'ordre universel. »

III

Je vais vous parler encore de nos petits oiseaux magiciens. Seulement cette fois, ce ne sera plus M. Tréfeu qui tiendra la baguette de l'enchanteur, c'est une jeune et charmante personne, Mlle Emilie Van der Meersch.

Ce qui est merveilleux, et ceci l'est vraiment, ne perd rien à se trouver possible pour plusieurs personnes en même temps, surtout quand dans le nombre se trouve une jolie femme. Il semble qu'en n'étant plus le privilège exclusif d'un seul, les phénomènes opérés rentrent mieux dans la vérité, dans la nature. Le secret gagne à ne plus paraître aussi terrible; en voyant qu'il peut être accessible à plusieurs, on se familiarise plus facilement avec les miracle dont il tient le mot; il s'humanise en perdant de son mystère.

J'ai donc vraiment eu grand plaisir à retrouver sous la baguette de Mlle Van der Meersch une partie des prodiges que j'avais vus chez M. Tréfeu. Ai-je compris davantage? Je ne le pense pas. Et d'ailleurs à quoi bon ? comme je vous le disais tout à l'heure, ce sont de ces choses où l'intelligence du spectateur n'a rien à faire ; il en est là comme de tout ce qui est du domaine de la nature, domaine sans fin, où il reste à réveiller dans leur nuit séculaire tant de merveilles du même genre, avec lesquelles le raisonnement ne peut avoir quoi que ce soit à démêler. Croyez qu'en cette sphère, que le doute, ce bâtard de l'esprit, a trop longtemps fermée pour vos regards, rien n'est plus facile que ce que le raisonnement vous déclare impossible. Ayez la foi, voilà tout. Sentir, en pareil cas c'est comprendre.

Les petits oiseaux de Mlle Emilie, comme l'avaient fait ceux de M. Tréfeu, sont donc sortis l'un après l'autre de leur joli palais de cristal : on nous a priés de les interroger, et chacun s'y est empressé. A chaque question posée, une réponse est venue avec une promptitude étonnante. Les petits comédiens emplumés avaient réplique à tout ; ils s'en allaient becquetant sur le casier rempli de cartes, de lettres ou de chiffres, le mot, la carte ou le nombre qui devaient répondre à la question posée.

Quelqu'un avait retourné un dé dans un chapeau, de telle sorte que personne ne pouvait voir quelle était celle des six faces qui le regardait. Mlle Van der Meersch questionna les oiseaux ; le plus habile sortit ; c'était, comme chez M. Tréfeu, un cardinal, vieux routier à barette rouge qui, depuis dix ans, exerce et fait merveille.

— Voyons, lui dit la magicienne, répondez-nous vite.

Il chercha un instant et tira le chiffre cinq. C'était juste celui qu'il fallait trouver.

Six personnes prirent chacune une carte dans un jeu tout neuf, et le cardinal dit à toutes, l'une après l'autre, la carte qu'elle tenait ct cachait de son mieux. Il ne lui fallait qu'un seul coup de bec pour tirer du vaste casier où tout est mêlé, cartes, chiffres et lettres, la carte correspondante à celle que vous aviez à la main.

Cette curieuse représentation, dont je ne vous détaillerai pas toutes les scènes, était donnée dans les salons du directeur de la *Patrie*, il y a déjà plusieurs années. Les rédacteurs y étaient, comme vous pensez, en nombre, et ce n'est pas sans terreur que Mlle Van der Meersch avait risqué ses petits acteurs ailés devant cette terrible réunion de porte-plumes. Au dernier ordre qu'elle lui donna, le cardinal fit sortir du cahier de fort jolis vers qui réclamaient pour l'aimable directrice et pour tout son personnel une indulgence dont ni l'un ni l'autre n'avait besoin. Voici cette charmante petite pièce, que Mlle Emilie récita avec beaucoup de grâce et d'esprit :

> Vous qui faites la renommée
> Des grands et même des petits,
> Devant vous, redoutable armée,
> De peur, nous nous tenons blottis.
> Hélas ! notre troupe emplumée
> Vous aura-t-elle divertis ?
> Soyez bons pour notre faiblesse,
> Notre maîtresse, notre sœur,
> Dont la main toujours nous caresse,
> Nous éleva par la douceur ;
> Ne changez pas notre coutume,
> Nul ne nous parle d'un ton sec ;
> Nous ne pourrions de votre plume
> Supporter un seul coup de bec.

Mlle Emilie, que je soupçonne fort d'avoir dicté ces jolis vers, a deux familles : son père et sa mère, avec cinq ou six frères ou sœurs, voilà l'une ; ses charmants élèves, voilà la seconde :

Aux petits des oiseaux, elle donne la pâture.

Il y a je ne sais quel charme à voir cette familiarité d'une jeune fille avec des oiseaux ; ce sont deux des grâces les plus charmantes de la nature qui semblent s'être réunies pour vivre en société. Je ne sais pourquoi l'esprit toujours un peu voltigeant de la femme, sa grâce aux fantaisies ailées, me paraissent avoir une sorte de sympathie innée avec le monde des oiseaux.

Une femme d'un adorable esprit, morte il y a quelques années, Mme de Tracy, était de même arrivée, par l'amour de ces jolis petits êtres, à saisir presque le secret de leur merveilleux instinct. Pour elle aussi c'était une seconde famille, et l'un de ses désirs eût été d'en être l'historienne. « Je veux, dit-elle dans une de ses lettres, écrire l'histoire des oiseaux pour mes petits enfants. »

Son salon n'était qu'une volière immense, où se mêlaient tous les ramages, tous les plumages. Diphile, ce grand éleveur de serins, dont nous a parlé Labruyère, n'était rien auprès d'elle.

Il rêvait la nuit aux airs qu'il devait apprendre à ses élèves. Mme de Tracy faisait mieux. Ce n'est pas en pédagogue, c'est en mère qu'elle aimait ses oiseaux; si elle y pensait la nuit, c'était pour se lever trois ou quatre fois, afin de donner ses soins à quelque pauvre merle enroué, à quelque sansonnet épileptique, ou surtout à ses pauvres rossignols, dont la moindre maladie la mettait tout en larmes.

« Mme de Coigny me vint voir ce matin, dit-elle encore quelque part. Elle me trouva courbée en deux, comme si j'avais un *lumbago*.

« — Qu'avez-vous donc me dit-elle ?

« — J'ai un oiseau sur l'estomac.

« — Vous en avez mangé ?

« — Non, Dieu merci, je suis la garde-malade de mon rossignol, et j'essaye de le réchauffer. »

Mme de Tracy jugeait des gens d'après leur plus ou moins d'affection pour les oiseaux. Quiconque lui avait été dénoncé comme coupable de cruauté envers ses biens-aimés lui paraissait capable de tuer père et mère. Elle eut volontiers, comme les juges de l'aréopage, envoyé à la mort le bambin d'Athènes qu'on avait trouvé crevant les yeux à son moineau. Elle avait longtemps douté du crime de Mme Lafarge, mais quand on lui apprit que tout enfant Marie Capelle s'amusait à mutiler les oiseaux de son grand-père, elle ne douta plus.

Son amitié pour M. de Lamartine venait en partie de ce qu'elle le savait grand amateur de rossignols. Elle lui en voulait beaucoup cependant de ce qu'il ne savait en conserver aucun : « Il les change trop souvent de place » disait-elle. M. Thiers, qui avait pris de ses leçons, avait toute son amitié. Pour elle, c'était l'homme sage par excellence. « Il sait, disait-elle avec admiration, gouverner une volière ; puis, ajoutait-elle non sans quelque vanité, il a toujours accueilli avec déférence les conseils qu'on lui a donnés à ce sujet. »

Il ne fallut qu'un cri d'admiration de M. Dupanloup à la vue d'un des chers oiseaux de Mme de Tracy, et son cœur lui fut à jamais gagné. Elle causait avec lui des Pères de l'Eglise latine qui étaient l'objet préféré de ses études, quand il s'écria tout à conp : « Ah ! le joli petit oiseau ! » C'était un des rossignols qui voletait gaiement sur le tapis.

« Il a dit cela, écrit Mme de Tracy, avec un accent qui m'a été au cœur. J'avais de l'admiration pour M. Dupanloup, maintenant, c'est une vive affection que j'ai pour lui. »

Pour un mot brutal contre ses petits amis, elle rompit tout commerce avec je ne sais quel marchand de bois auquel jusqu'alors elle avait vendu ses coupes et qu'elle croyait pouvoir estimer.

Elle questionnait avec amour sur ces pauvres petits nids qui se trouvent si mal des ravages faits par la cognée dans les taillis, sur ces pauvres oiseaux que l'on dérange quand on ne les tue pas.

« — Bah ! dit notre esprit fort, les bêtes sont des machines qui ne sentent pas. »

« — Alors pourquoi crient-elles quand on les maltraite ?

« — Elles crient comme une porte qu'on ouvre brusquement, ou comme une roue qui frotte sur son essieu. »

Mme de Tracy lui tourna le dos, sans vouloir en entendre d'avantage : « Je n'ai pas cherché, dit-elle, à convertir cet animal, qui parle si mal des bêtes. »

Elle écrivait encore : « Leurs mœurs,

leurs singularités m'intéressent au dernier point. J'emploie mes heures de repos à les observer ; elles me délassent de mes études sérieuses, et c'est par ces pauvres bêtes que je reviens à l'humanité. »

Quand **Charlet** a dit : « Ce qu'il y a de mieux dans l'homme, c'est le chien, » il ne voulait que rire, mais il parlait aussi bien que Mme de Tracy, et il n'avait pas moins raison.

CHAPITRE IV

LES PETITS MÉTIERS ET LES PETITES INDUSTRIES

I

Un vieux proverbe dit : « Il n'y a pas de sots métiers... » Aujourd'hui l'on pourrait ajouter avec tout autant de justesse : « Il n'y a pas de petits métiers. » Grâce à l'immense extension que toute branche de commerce et d'industrie peut prendre en France, pas un homme, quelle que soit la profession qu'il exerce, ne peut dire, s'il est intelligent et actif : « Je suis un gagne-petit. » Le champ immense est ouvert à tous et tout y peut fructifier. Ce qui jadis ne rapportait que de maigres récoltes, peut donner aujourd'hui les plus magnifiques moissons.

A l'époque de François Ier, l'on citait comme un fait unique la fortune d'un homme qui avait commencé par être porteur de balle. « D'un petit commencement de marchandise qui estoit de contreporter des aiguillettes, ceintures et épingles, dit Bonaventure des Périers, cet homme était devenu fort riche.»

En ce temps-ci, les enrichis du petit métier se compteraient par centaines, et tous, vous en connaissez comme moi un bon nombre qui ont porté leur premier million dans leur balle de colporteur. Il y avait tant d'entraves jadis, pour le commerce et l'industrie, et il y a tant de facilités maintenant ! Tout était monopole, privilège alors ; aujourd'hui, tout est liberté.

Par exemple, pour ne citer qu'un fait relatif à ces petites industries de la rue et au monopole qui les atteignait elles-mêmes autrefois, tout infimes qu'elles fussent, croirait-on qu'il y a cent cinquante ans, l'ouvrier bas-normand qui inventa le moyen de raccommoder à l'aide d'agrafes de fil d'archal la vaisselle de faïence brisée, eut mille peines à exploiter son procédé ! Il s'appelait Delille et il était venu du village de Montjoie à Paris avec son industrie et tout son petit matériel en poche. Il commençait à faire fortune, lorsque les faïenciers prétendirent qu'il leur causait de grands dommages.

Cassez tant qu'il vous plaira, cassez même le plus possible, criaient-ils, mais ne raccommodez pas, sinon la vente de nos plats neufs est en péril.

Que dites-vous du raisonnement ? Il faillit cependant passer alors pour une bonne raison. La corporation s'en fit une arme sérieuse contre Delille, qui se vit intenter un terrible procès par ces messieurs de la faïence neuve. Les requérants voulaient qu'il s'entendît condamner à laisser désormais les vieux tessons tranquilles et à ne plus employer son art téméraire à la guérison des vaisselles invalides. Grâce au bon sens de la justice, ce fut eux qui, dans cette affaire, payèrent, comme on dit, les *pots cassés*.

« L'inique avidité des marchands succomba, dit un chroniqueur du temps, et la profession de raccommodeur de faïence fut déclarée libre. »

C'est à cette époque-là que les pâtissiers auraient eu beau jeu pour soutenir leur prétention si ardente en ce moment, c'est-à-dire pour empêcher les boulangers de faire de petits gâteaux ! Le privilège alors ne manquait jamais de donner des armes au gros métier contre le petit. Ainsi le savetier ne pouvait pas faire une chaussure neuve, comme je crois vous l'avoir déjà dit. Permission lui était donnée de travailler au coin de la rue dans un tonneau défoncé, voire dans une échoppe; mais défense lui était faite d'avoir une boutique. Que ce temps-là est loin ! Aujourd'hui, il n'y a pas seulement de vastes boutiques, mais d'immenses manufactures de *savaterie*. On fait en grand la *ressemelage*, le *rataconnage*, le *ripetonnage*, etc. etc.

Allez à Lormaisson, dans le département de Seine-et-Oise, toute la population y est savetière : père, mère, enfants, chacun y travaille le vieux soulier, retape la semelle ou redresse l'empeigne.

Jetez dans cet immense usine de basse cordonnerie, la chaussure la plus éculée, la plus avachie ; le soir elle en sortira remise sur forme, recousue, redressée, parée de clous neufs, presque propre enfin. Ce n'était qu'une savate, c'est maintenant un *soulier de rencontre*.

Le chiffonnier l'aurait à peine ramassée au bout de son crochet dédaigneux ; maintenant elle s'aligne en plein marché, sur l'étal d'un cordonnier de village ou du Temple, et tel valet de ferme ou tel ouvrier est heureux de ne la payer que vingt-quatre sous.

Ce bourg de Lormaisson est le rendez-vous général de toutes les savates de France. Il en vient là de partout, même de l'étranger. « J'ai rencontré quelquefois au fond de la Bretagne, dit un touriste curieux de toute chose, d'immenses charrettes attelées de plusieurs chevaux et chargées de vieux souliers. » Où se rendaient-elles ? à Lormaisson. Les pourvoyeurs de la grande manufacture sont d'une province voisine. La plupart sont de Saint-Saulieu, en Picardie, et des communes environnantes. Ils emportent sur leur charrette un immense assortiment de menues poteries prises à Savignies, près Beauvais ; et sur la route, s'arrêtant à chaque hameau, ils font leurs offres ; pour deux ou trois paires de vieux souliers, ils donnent un plat, pour une demi-douzaine, une soupière, etc. On leur rend tout cela en espèces à Lormaisson.

L'industrie des sabots se fait dans de plus grandes proportions encore. « On cite, dit quelque part M. Natalis Rondot, qui s'est donné l'intéressante spécialité de la statistique de ces métiers, on cite un fabricant de Paris qui emploie dans les forêts de la Sarthe, de l'Orne, des Vosges, du Cantal, vingt-cinq maîtres sabotiers, lesquels font travailler un millier de paysans ; il reçoit, année moyenne, 60,000 paires de sabots parés qu'il fait finir, sculpter, s'il y a lieu, et noircir à Paris. »

Ce qui m'a conduit à vous parler de ces métiers, si connus et si inconnus, tout ensemble, qui mettent en besogne tant de gens pour de si petites choses, et greffent de si gros intérêts sur des objets de si minime importance, c'est le grave procès qui s'est déroulé il y a près de trente ans devant la cour d'assises de la Seine. Il s'agissait d'une banqueroute frauduleuse de 1,500,000 fr. Et quel était l'accusé ? Un marchand de peaux de lapin. Les chefs d'accusation ne se compliquaient pas au moins du crime de faux ; notre homme ne sait pas écrire. On ne pouvait pas dire non plus qu'il avait trompé par de faux chiffres alignés sur ses livres ; il n'avait pas de livres, il n'avait pas de secrétaire. Sa mémoire lui tenait lieu de tout, répertoire, journal, livre de caisse, et il faisait par an pour 4 millions d'affaires !

« Il avait à Paris, dit la *Gazette des Tribunaux*, quatre magasins où s'accumulaient les marchandises achetées en province ; mais toujours fidèle aux habitudes de sa condition première, il logeait dans un garni, n'avait d'autres bureaux que la boutique d'un marchand de vin de la place Maubert, et d'autre teneur de livres qu'un écrivain public, auquel il dictait sa correspondance. »

Malheureusement cet homme qui avait tant de mémoire pour les comptes, se permit, à ce qu'il paraît, quelques autres petits oublis ; le riche marchand de peaux de lapin vendit plus d'une fois, dit-on, la peau de l'ours avant de l'avoir tué. Aussi la Cour l'a-t-elle condamné à huit années de réclusion.

Le lieu où se réunissent et prennent leur repas de préférence quelques-uns des industriels dont je viens de vous parler, c'est ce réfectoire en plein air, sans banquettes ni tables, qui se trouve sous les vasques ruisselantes de la fontaine des Innocents.

L'éternelle rosée qui pleut sur les consommateurs et qui entretient, nuit et jour, la fraîcheur du plancher de cette salle de banquet, lui a fait donner le nom significatif de *Restaurant des pieds humides*. Une autre particularité, mais celle-là toute gastronomique, en explique sa fameuse enseigne : *A l'hasard de la fourchette.*

Un morceau de viande se tire de la marmite comme un numéro à la loterie. On vous donne une fourchette, on lève le couvercle, vous plongez à l'aveuglette au milieu de la fumée du brouet. Si vous amenez un beau morceau, tant mieux ; si vous n'amenez rien, tant pis ! vous ne payez pas moins.

Quelquefois, la marmite est bien maigre : un seul morceau de viande nage dans une mer de bouillon, *apparent rari nantes*. Il en était ainsi certain matin. Un pauvre diable arrive la faim aux dents. On lui offre la fourchette, mais au lieu de la prendre, il jette à terre casquette, blouse, gilet, et va même aller plus loin, quand le gargotier l'arrête.

— Que voulez-vous faire ? lui dit-il.

— Eh ! parbleu ! me jeter à la nage pour sauver ce brin de fricot qui se noie.

II

Le départ des hirondelles, la rapide diminution de la durée du jour, la chute des feuilles sont, j'en conviens, des signes certains de l'approche de l'hiver, mais il en est un plus irrécusable encore peut-être, c'est l'arrivée du marchand de marrons à Paris.

Encore un petit métier !

A dater de ce moment-là, on peut grelotter de confiance, et endosser son paletot des jours froids : l'hiver est venu. Le marchand de marrons en est, selon moi, la personnification populaire. Si l'on voulait figurer les quatre saisons par des types de la rue, je proposerais pour le printemps, la marchande de violettes, avec son éventaire parfumé ; pour l'été, le marchand de coco, avec sa sonnette ; pour l'automne, la marchande de fruits, avec son cri enroué : *A quatre pour un sou les anglaises !* et enfin pour l'hiver le marchand de marrons : C'est l'hirondelle des jours brumeux ; il annonce le givre et le verglas, comme l'autre annonce le soleil et les fleurs. Il a d'ailleurs avec elle plus d'un point de ressemblance : comme elle il est noir ; comme elle il est presque le seul des oiseaux de la rue qui n'ait point de cri particulier ; comme elle encore il niche où il peut, mais une fois son nid trouvé, il y revient toujours.

Il arrive à un jour marqué et part de même : vous voyez que c'est toujours comme l'hirondelle. On a demandé où elle va quand les beaux jours sont passés, on pourrait presque demander de même : où va-t-il quand l'hiver est fini. Ce qu'il y a de certain, c'est que lorsqu'il arrive, ses longs sacs sont remplis de marrons achetés ou même récoltés par lui dans les environs de Lyon, dans le Poitou, dans le Limousin, pays de la bonne châtaigne ; et que, lorsqu'il part, ils sont vides. En revanche, sa poche, déjà bien garnie à l'arrivée, l'est bien davantage encore au départ.

Ses frais d'installation sont sans doute assez considérables, comparés à ceux qu'exigent quelques autres petits métiers. Il lui faut payer le loyer du trou sombre qu'il appelle sa boutique. Un fourneau continuellement alimenté de charbon, un quinquet dont la lueur doit briller dans les jours les plus courts, depuis quatre heures du soir jusqu'à minuit, lui sont nécessaires et entraînent une dépense quotidienne assez forte. Le marchand de marrons, lorsqu'il s'établit, doit sans doute risquer beaucoup plus d'argent que le cordonnier en vieux, par exemple, à qui, tout compte fait, il ne faut que 24 francs 45 centimes de frais d'établissement.

Quand on le compare aussi au chiffonnier qui pour 6 francs 25 centimes monte sa boutique ambulante ; à la marchande de friture, qui pour 27 francs, une fois payés, peut faire tous les frais de la sienne, et surtout au porteur d'eau, à qui, d'après le calcul de très profonds économistes, il ne faut que 10 francs tout juste pour ses deux seaux, sa bricole et son cerceau ; le marchand de marrons, qui s'établit d'une façon assez confortable, doit passer certainement dans les petits métiers pour un richard assez aventureux. Mais aussi, s'il risque beaucoup, c'est pour gagner gros.

Sont-ce bien, dit avec raison M. V. Fournel en son volume : *Ce qu'on voit dans les rues de Paris*, sont-ce bien des gagne-petits ces marchands de marrons cantonnés dans un coin de trois pieds carrés? Non certes.

» A certains jours, à la Toussaint, par exemple, ainsi que me le confessait un d'entre eux placé pourtant dans une des rues les moins hantées de Paris, ils vendent pour quatre-vingts francs de leur marchandise, où plus de moitié est bénéfice pur et simple. »

Je ne pense cependant pas que le marchand de marrons puisse jamais arriver à engager d'aussi grosses affaires que ce fameux marchand de peaux de lapins dont je vous contais tout à l'heure la déconfiture, et sur lequel je veux revenir un instant pour une anecdote que l'*Illustration* racontait à son sujet.

« C'était, dit M. Busoni, c'était le philosophe vivant de peu que ce marchand de peaux de lapins, si frugal que dans le quartier on parlait aussi volontiers de sa frugalité que de ses millions. Très généreux pourtant, et même prodigue, sans se départir de ses habitudes modestes, ainsi qu'il résulte d'une historiette dont on a fait honneur à d'autres professions, mais qui revient de droit à la sienne.

» Apprenez donc une fois de plus qu'appellé loin de Paris pour quelque affaire urgente, et désolé d'avoir manqué le train, il lui arriva de s'écrier dans la gare: « Je donnerais bien un billet de 1000 fr. pour être dans le convoi qui s'en va. — On peut vous satisfaire à meilleur marché, objecta le chef de gare, et moyennant 500 fr., nous avons des locomotives qui chauffent à toute heure pour tout le monde. » Marché conclu, le voyageur va se mettre en route; mais s'apercevant qu'on lui ouvre la portière d'une diligence: « Oh! oh! dit-il, ceci n'est pas mon affaire, je ne vais jamais qu'en troisième classe. » Il fallut lui donner le wagon demandé.

Pour les enrichis de l'industrie et du commerce, il y a deux façons bien différentes d'user de sa fortune.

L'un se trouvant assez riche pour être un seigneur, veut en avoir le blason et les titres; il se fait, à beaux deniers comptants, baron, comte ou marquis. L'autre tient à rester gros Jean comme devant.

Ce que j'étais, je le suis encore, semble-t-il dire, avec son habit de gros drap et à la coupe antique; mais regardez dans mes coffres, voyez mes maisons à la ville et aux champs, voilà ce que j'ai gagné!

Lui et sa fortune sont, pour ainsi dire, les deux pôles opposés; il le sait bien, et s'il a gardé sa simplicité d'habitudes et de goûts, soyez sûr que c'est afin de vous faire voir quelle distance énorme il lui a fallu franchir, quelle habileté il lui a fallu dépenser pour aller d'un point à l'autre.

S'il me fallait dire quel est le plus orgueilleux des deux : de ce parvenu resté simple jusqu'à la rusticité, et de cet autre qui se chamarre de titres, mon choix ne serait pas long à faire.

M. U..., très riche négociant de Rouen, était parti d'aussi bas que les gens dont je parle pour arriver aussi haut. Sa vanité avait deux faces. Aller à pied, avec de gros souliers, manger à la cuisine : voilà pour lui ; tenir somptueuse maison et table toujours ouverte, avoir des voitures, des châteaux : voilà pour les autres. Sa vanité ne trouvait sa complète satisfaction que dans ce contraste.

Un jour qu'il avait à faire un voyage important au Hâvre, il partit à pied, selon son habitude. La route qu'il avait prise menait à l'un de ses châteaux, où il était bien décidé à ne pas faire la plus petite halte. Il avait déjà parcouru trois ou quatre lieues et il commençait à se sentir un peu fatigué, quand il avisa un joli cabriolet qui suivait la même direction que lui. — Si je me plaçais derrière, se dit-il, cela me délasserait un peu, et ce serait autant de gagné sur la route qui est longue.

Il se rangea sur le côté du chemin, se cacha même derrière un arbre afin qu'on ne le vît pas, car il savait que tout le monde à Rouen le connaissait, et il avait un peu honte de ce qu'il allait faire.

Quand il fut à portée, il s'élança sur le derrière du cabriolet avec l'agilité d'un gamin, et le voilà qui galope tout joyeux de sa rencontre.

A une lieue de là, se trouvait la longue allée de peupliers qui conduisait à son château ; le cabriolet, courant toujours, l'eut bientôt atteinte, et M. U... fut tout étonné de voir qu'il se détournait de la route pour enfiler l'avenue.

— Tiens, dit-il, en descendant lestement, ce sont des gens qui vont dîner chez moi. Eh bien ma foi ! bon appétit.

Et ce disant, il tira de sa poche une

bonne grosse miche de pain qu'il se mit à croquer à belles dents, en l'assaisonnant de la pensée du bon repas que d'autres allaient savourer chez lui.

Mais, me direz-vous, quelle était donc cette voiture ? Le cabriolet de M. U... lui-même qui ne l'avait pas reconnu, tant il avait peu l'habitude de s'en servir. Et qui se trouvait dedans ? Deux personnes : Madame U... et son premier commis.

A Rouen, lorsqu'on raconte cette très véridique histoire on la termine par un autre détail qui ne manque pas non plus de caractère.

A son retour à Rouen, M. U..., dit-on, ne trouva pas de cabriolet sur la route, mais une charrette où se trouvaient deux voleurs et qu'escortaient deux gendarmes. Comme il était très fatigué, il demanda la faveur d'une petite place dans l'honorable compagnie ; on la lui accorda, et c'est ainsi, dit-on, qu'il fit sa rentrée dans la capitale de la Normandie.

CHAPITRE V

DEUX MOTS D'HISTOIRE SUR LES FIGURES DE CIRE

Nous allons essayer de faire en quelques lignes l'histoire de cet art *céroplastique*, dont les produits ne se font plus voir que dans les vitrines des coiffeurs ou dans les officines anatomiques, après avoir pourtant exercé, depuis les anciens jusqu'à l'époque brillante de la Renaissance, la main des sculpteurs les plus habiles.

Chez les anciens, la sculpture en cire avait ses ouvriers célèbres et chèrement payés, comme la statuaire en bronze et en marbre. Les dieux ne dédaignaient même pas qu'à défaut de ces matières plus durables on leur dressât des statues de cire. C'est à l'amour surtout qu'on élevait de pareilles images, comme si, par une allusion malicieuse à l'instabilité des passions déifiées en lui, on eût voulu que la fragile effigie devînt ainsi plus digne du dieu fragile. Anacréon avait bien compris la malice de ces consécrations ; il en fit le sujet de sa X[e] ode : *Sur un amour de cire*. Nous ne vous dirons que les deux dernières strophes, d'après la traduction de Poinsinet de Sivry :

> A l'aspect de cet enfant,
> Tout brûle, et pour vous j'en tremble;
> Tant mieux, repris-je à l'instant,
> Nous en serons mieux ensemble.
>
> O toi, méchant petit dieu,
> Souviens-toi qu'il faut que j'aime ;
> Si mon cœur n'est tout en feu,
> Je te brûlerai toi-même.

Aux fêtes d'Adonis, l'amant de cette autre divinité fragile dont Cupidon était l'enfant, toutes les offrandes étaient de cire. Autour de la statue de l'amant fait dieu, on disposait de petits jardins où plantes et fruits, feuilles et fleurs, tout était fait de cire. Dans les repas, on mettait sur la table des fruits pareils, si bien imités, que l'amphitryon s'en faisait honneur aux yeux de ses convives trompés, comme d'un splendide étalage de fruits véritables. Un jour, grâce à ce dessert d'attrape, Ptolémée Philopator s'amusa bien du stoïcien Sphérus. Cet intrépide disciple de Cléanthe poussait la défense du réalisme en toutes choses jusqu'à soutenir la vérité des images quelles qu'elles fussent, reçues par les impressions des sens. Le roi fit un signe, et l'on apporta une corbeille de magnifiques grenades. Notre réaliste, qui appréciait surtout la réalité des bonnes choses dont le palais perçoit le goût, fut le premier à y porter la main. Les grenades étaient de cire ! Le roi eut alors la partie belle ; Sphérus était pris en flagrant délit de contradiction avec son système et ne pouvait nier que cette fois ses sens l'eussent trompé. Il tint bon cependant : « Je n'ai pas jugé, dit-il, que ce fussent des grenades ; or il y a une grande différence entre une idée positive et une probabilité. »

L'un des plus grands plaisirs du mystificateur couronné qui eut nom Héliogabale, était de faire servir des mets pareils à ses convives. A chaque plat qu'on lui servait à lui-même, et qu'il mangeait bel et bien, il en faisait mettre un tout semblable, mais en cire, devant chacun de ses invités. Ce n'est pas tout : après chaque service, les pauvres affamés devaient, selon l'usage, se laver les mains, comme s'ils les eussent salies ; et enfin, quand ce banquet de Tantale était terminé, Héliogabale ordonnait qu'on leur présentât un verre d'eau pour aider la digestion !

Ces menus objets d'imitation en cire étaient le plus souvent l'ouvrage des apprentis sculpteurs. Lucien ne faisait pas autre chose, et, au soin zélé qu'il y apportait, son père aimait à présager que comme lui il serait un jour un habile statuaire. « Mon père, écrit Lucien devenu philosophe, jugeait de ma disposition pour la sculpture par les petits ouvrages que je m'amusais à faire en cire. Lorsque je sortais de l'école, je grattais la cire, et j'en formais des bœufs, des chevaux et des hommes. — Par Jupiter ! il sont très ressemblants, assurait mon père, mais les maîtres me battaient. »

C'est surtout dans les effigies des funérailles que l'habileté des sculpteurs en cire avait à se déployer. Là, en effet, il ne fallait pas seulement de l'adresse dans la manipulation de la matière et de la grâce dans les formes à lui donner, il fallait encore une parfaite ressemblance de la personne représentée. L'effigie devait être un portrait vivant du mort ; et pour cela, il est probable qu'on moulait le masque sur le visage même. Les expressions de Pline au chapitre II de son XXXVe livre, où il détaille au long cette partie des obsèque patriciennes, le donnent du reste à penser.

L'effigie achevée, on la revêtait des plus beaux habits du mort, et, placée sur un char, elle marchait en tête du cortège. Dion, décrivant (lib. 56) les funérailles d'Auguste, dit qu'on y voyait d'abord son image en cire parée du vêtement des triomphateurs. Ce sont les consuls mêmes, désignés pour cela, qui devaient la conduire du palais jusqu'au bûcher, pendant que la statue en or serait amenée du Sénat, et qu'une troisième effigie paraîtrait sur le char triomphal. Peut-être celle-ci était-elle en cire, comme la première. Pour donner un digne cortège à ces images, on les faisait suivre de celle des aïeux. Selon Tacite, aux obsèques de Junia, on comptait plus de cent de ces effigies ; tous les représentants des vieilles familles romaines, les Manlius, les Quintus, y paraissaient à la file.

Le moyen-âge adopta cet usage funèbre, il n'y changea rien, pas même la matière qui servait pour les effigies. Elles continuèrent à être en cire. Quelquefois pourtant, et sans doute par simple raison d'économie, c'est un vivant qui en tenait la place et jouait de son mieux le rôle du mort. Nous avons vu de vieux comptes où se trouve cet étrange article : *Tant à un tel, pour avoir fait le chevalier mort.*

Dans les obsèques royales, en revanche, jamais l'effigie ne manquait, ressemblante de son mieux, magnifiquement vêtue et recevant tous les honneurs qu'on eût rendus à la personne même du roi. En ce dernier point, on poussait la minutie jusqu'au burlesque. C'était la vie parodiée autour de la mort. « Et est à entendre et sçavoir, lisons-nous dans le *Trespas et obsèques* de Charles IX, que durant le temps que le corps fut en effigie en icelle salle, que aux heures du dîner et souper, les formes et façons de service furent observées et gardées, tout ainsi qu'on avait accoutumé faire du vivant du dit seigneur, étant la table dressée par les officiers de fourrière, le service apporté par les gentilshommes servants, panetier, échanson et écuyer tranchant, l'huissier marchant devant eux, suivi par les officiers de retrait, de gobelet qui couvraient la dite table, avec les révérences et essais que l'on a accoutumé de faire ; puis après, le pain défait et préparé, la viande et services conduits par un huissier, maître d'hôtel, panetier, pages de la chambre, écuyer de cuisine et garde-vaisselle, la serviette présentée par le dit maître d'hôtel au plus digne personnage qui se trouve là présent, pour essuyer les mains du dit seigneur, la table bénite par quelque cardinal ou prélat, les bassins à eau à laver présentés à la chaise du dit seigneur, comme s'il eut été vif et assis dedans. Les trois services de la dite table continués avec les mêmes formes, cérémonies et essais, comme ils le soulaient faire en la vie du dit seigneur, sans oublier ceux avec la présentation de la coupe, aux endroits et heures que le dit seigneur avait accoutumé de boire à chacun de ses repas, etc. » Avouons que c'était là un bien burlesque fétichisme, et que Tavannes eut bien raison d'écrire dans ses mémoires, pour s'en moquer par un sévère rapprochement : « Les sauvages servent les images, et nous portons à manger à celles de nos rois quand ils sont morts. »

On voulait que ces images, singeant la vie, fissent complète illusion, et, pour cela, c'étaient toujours les artistes les plus habiles qui étaient chargés de les mouler et de les colorier ; car ici le peintre avait autant à faire que le modeleur. Pour l'effigie de Henri II, le tout fut même l'œuvre d'un peintre seul, François Clouet. On lit ce curieux détail dans *le rosle des parties et sommes payées pour les obsèques et pompes funèbres du feu roy Henri II*, manuscrit in-fol. de 1559 que possédait M. Monteil : « et premièrement à François Clouet, peintre et valet de chambre du dit seigneur... à sçavoir : vingt solz en plâtre, huile et pinceaux, pour mouler le visage et effigie d'icelui deffunct roy... douze livres dix solz pour vingt-cinq livres de cire blanche,...employée pour la dite effigie... Quarante-huit solz pour six livres de céruse pour mettre avec la cire blanche, etc. »

Malherbe, dans sa lettre du 26 juin 1610 à Peiresc, nous transmet sur l'effigie mortuaire de Henri IV et sur le concours d'artistes dont elle fut l'objet, les plus précieux renseignements : « il se fit, dit-il, deux effigies par commandement : Duprez en fit l'une et Grenoble l'autre ; il s'en fit une troisième par M. Bourdin d'Orléans, qui le voulut faire de tête, sans en être prié : celle de Grenoble l'emporta, pour ce qu'il eut des amis ; elle ressemblait fort à la vérité, mais elle était trop rouge, et était faite en poupée du Palais. Celle de Duprez, au dire de tout le monde, était parfaite ; je fus pour la voir, mais elle était déjà rendue. Je vis celle de Bourdin, qui n'était point mal : cette effigie fut vêtue d'un pourpoint de satin cramoisy rouge... »

Ne voit-on pas à toutes ces descriptions, à ces effigies pompeuses et presque adorées, à tout cet attirail des cérémonies qui les entourent, que le paganisme dure encore pour les morts royales ? La superstition des images est encore accréditée et florissante. Souvent même, et dans un tout autre but, on la poussait plus loin.

Pour quelques gens, le rapport existant entre une personne et l'image de cire qui la représentait était en ce temps-là un fait d'affinité si constant, qu'ils s'imaginaient ne pouvoir toucher à celle-ci sans porter atteinte à celle-là, à ce point qu'ils pensaient blesser l'une en blessant l'autre. De là, une sorte de maléfice très répandue au moyen-âge, et qu'on appelait *envoûtement* ou *envoultement*, de deux mots latins: *in*, contre, et *vultus*, visage.

Par ce sortilège on tuait à très longue distance, et sans beaucoup de peine, comme vous allez voir. On faisait faire à la ressemblance de son ennemi une petite figurine de cire ; quand on voulait qu'il mourût, on piquait d'une épingle la statuette au cœur, et, si méchamment atteint dans son image, le pauvre homme n'en réchappait pas. D'où venait cette pratique ? je ne sais. M. Reinaud la trouve en Orient, et pense qu'elle nous en est venue avec les croisades; d'un autre côté, elle est très en usage chez les sauvages de l'Amérique du Nord, ce qui ne prouve qu'une chose : l'universalité des mauvaises croyances, ou plutôt l'idée innée qu'en ont toutes les races ignorantes. Nos populations du moyen-âge, qui l'étaient un peu plus que celles de l'Orient, un peu moins que celles de l'Amérique, devaient donner tête baissée dans cette superstition, de quelque pays qu'elle leur vînt. Du douzième au seizième siècle, nous trouvons partout des *envoûteurs*; ceux-ci l'étant vraiment, et ne tuant guère, Dieu merci! ceux-ci ne l'étant pas, mais accusés de l'être, et, comme tels, suppliciés, sans grâce ni merci; c'était là le cas le plus commun, où, à propos *d'envoûtement*, mort s'ensuivait.

C'est sous une pareille accusation qu'Enguerrand de Marigny succomba en partie: « Il courut aussi, dit Mézeray, un bruit qu'il avait dessein de faire mourir le roi, et que sa femme s'aidoit d'un nommé Paviot, et d'une vieille boîteuse, réputez grands sorciers, à faire des *images* de cire, à la ressemblance du roi et des princes pour les *envoûter*, c'est-à-dire les dévouer aux puissances de là-bas. »

Un sorcier du temps de Charles IX, qui portait le nom assez patibulaire de Quatre-Echelles, était aussi un damné envoûteur; enfin, pendant la ligue, quand Henri III était à Blois, voué aux dieux infernaux des Guises, il n'y avait pas de retrait mystérieux dans Paris où ne se trouvât une de ses petites effigies en cire, percée en plein cœur d'une fine épingle. Mlle de Montpensier avait planté la première, et le roi maudit, pourtant, ne s'en portait pas plus mal. La pointe du poignard de Jacques Clément fut seule plus efficace.

Sous Louis XIV on savait enfin à quoi s'en tenir sur toutes les momeries avec figures de cire. On ne se servait plus des effigies dans les funérailles, et quant aux *envoûteurs*, on aimait mieux s'en moquer que de les pendre. La cire modelée ne servit plus qu'à faire des portraits ou des jouets.

En vous parlant plus haut des poupées de cire, j'ai nommé Benoit, qui venait de Joigny en Bourgogne, et se fit surtout de l'art des portraits en cire une très lucrative industrie. Il fut de mode, non plus de se faire peindre, mais d'aller se faire modeler chez Benoit. « Il avait, lisons-nous dans le *Dictionnaire des Origines*, etc., paru en 1877, trouvé le secret de former sur le visage des personnes vivantes, même les plus belles et les plus délicates, et sans aucun risque ni pour la santé, ni pour la beauté, des moules dans lesquels il fondait des masques de cire auxquels il donnait une espèce de

vie par des couleurs et des yeux d'é-
mail, imités d'après le naturel. » Non
seulement il gagnait beaucoup au modelage de ces portraits, mais il se faisait
encore de gros profits à les faire voir,
car il se réservait toujours le droit de ne
briser son moule qu'après en avoir tiré
deux ou trois exemplaires ; le premier
était remis à l'original ou à toute autre
personne intéressée qui le payait bien ;
quant à l'autre, il le mettait en montre,
après en avoir fait un personnage complet revêtu d'habits conformes à la qualité de la personne représentée. L'auteur
d'un livre singulier paru en 1670 sous le
titre de la *Toilette galante*, nous parle
d'une visite qu'il fit chez Benoit, « ce
peintre que les portraits en cire ont
rendu si fameux dans Paris, » et qui
s'empresse de lui faire voir « les figures
de toutes les belles qu'il a moulées. » Il
fit fortune à ce métier et à cette montre.
Quand Labruyère dit, au chapitre XXI
de son livre sur les jugements : « B...
s'enrichit à montrer dans un cercle des
marionnettes, » c'est de Benoit qu'il
parle ; et ne pensez pas qu'il emploie in-
différemment ce mot cercle qui vient
après, il veut faire allusion à celui que

formait les personnages de cire richement vêtus et convenablement rangés, et qui avait même valu au peintre modeleur le nom de Benoit du *Cercle*. Il mourut en 1704 environ, laissant après lui une belle fortune, une grande réputation et la gloire d'avoir été cité par Labruyère, puis nommé par Mme de Sévigné. Pour quelques figures de cire, n'est-ce pas assez, si ce n'est trop ?

Le cercle de Benoit avait été imité en miniature, et de ce diminutif on avait fait, je vous l'ai dit, un jouet royal : *La Chambre du Sublime*.

Il était certainement du dernier joli, du dernier ingénieux ; nous lui préférons pourtant la tête anatomique en cire que le Syracusain Gaëtano Guilio Zumbo présentait, à peu d'années de là, à l'Académie des sciences ; c'est plus utile. Avec l'invention de Zumbo qui nous donne une tête humaine toute préparée pour la démonstration anatomique, on touche de près aux prodiges du docteur Auzou et de son anatomie clastique ; avec le cercle de Benoit et la *chambre du sublime* de Mme de Thianges, on n'arriva qu'au *salon de Curtius*.

C'est vers 1770 que nous voyons paraître enfin ce fameux céroplaste. Il était allemand et s'appelait très tudesquement Creutz; mais pour se donner le nom d'homme illustre, à lui qui devait se faire le montreur de tant d'illustrations, il s'était fait nommer Curtius. Il ne fit d'abord que ce qu'avait fait Benoît. Seulement le salon remplaçait le cercle, mais dans l'un et dans l'autre c'était toujours la cour des princes et des princesses, des marquis et des marquises. « Entrez, hurlait l'aboyeur à l'entrée de l'échoppe du boulevard du Temple où il s'était tout d'abord installé. Entrez, Messieurs ! Venez voir le grand couvert; entrez, c'est tout comme à Versailles. » Curtius ne prenait que deux sous, et pour voir tant et de si beau monde, ce n'était certes pas cher. Il fit pourtant fortune, tant la foule était grande dans sa salle. A certains jours, selon Mercier, il gagnait plus de cent écus, « avec la montre de ses mannequins enluminés. » Il est vrai qu'il savait flatter la manie populaire et lui servir en cire toutes les renommées qu'elle créait. A peine était-on un peu célèbre, que Curtius vous coulait en cire; cela équivalait à un brevet de grand homme. Toute fragile qu'elle fût, la statue durait pourtant quelquefois plus que la gloire de son original illustre. Quand en 1789, le peuple s'avisa de refaire un triomphe à M. Necker, c'est chez Curtius qu'il alla chercher son buste. Tous ceux des précédentes ovations avaient été brisés.

Devenu riche et dégoûté de la gloire, Curtius disparut vers 1800, ne laissant pas même son propre portrait. Ce n'eût été que de la cire perdue. Un sieur Tuffault lui succéda, qui se fit une autre fortune avec d'autres grands hommes. Il donna à son salon un aspect tout cosmopolite ; on y voyait, à en croire l'aboyeur, « tous les princes de l'Europe y compris l'Empereur de la Chine. » De plus, on y montrait une vraie momie d'Egypte que Tuffault avait achetée d'un apothicaire, et la chemise de Henri IV, qui lui venait on ne sait d'où.

Maintenant plus de Curtius, plus de statues de cire ; on est trop chatouilleux sur le chapitre des allusions. Les gloires à présent se taillent dans le marbre, ou se coulent en bronze pour faire croire à leur solidité.

CHAPITRE VI.

LES MARIONNETTES EN EUROPE DEPUIS L'ANTIQUITÉ JUSQU'A NOS JOURS.

L'érudition semble lasse des grands labeurs qui, à force de la rendre sérieuse, la rendaient maussade pour le plus grand nombre ; elle abaisse un peu sa sévère majesté, elle descend aux choses légères, aux sujets qui sont d'apparence presque frivole, bien que les recherches qu'ils exigent soient laborieuses et difficiles entre toutes ; et de cette manière, arrivant de plein pied avec le public qui s'effrayait d'aller la chercher dans ses hautes régions, elle se fait familière, elle se fait populaire. Un des plus heureux de ces érudits que leurs livres graves laissaient sans popularité et qui s'est révélé tout d'un coup par un livre savamment amusant, et futile, si l'on peut parler ainsi, avec études profondes et sans frivolité, c'est certainement M. Charles Magnin (1). Plus adroit et plus hardi que personne, il est allé droit au but qu'il faut atteindre quand il s'agit de convertir à l'érudition les plus rebelles et les plus maussades. Il a pris le public pour ce qu'il est, pour un grand enfant capable de s'ennuyer de tout, même du plus amusant roman s'il est mal raconté, mais propre aussi à s'amuser de tout, même de la science, si elle est bien choisie et bien expliquée ; bref, M. Magnin a servi à ce public enfant l'histoire d'un hochet d'enfant ; il lui a donné l'*Histoire des Marionnettes*. Qu'il y prenne garde pourtant, ce public qui n'aime guère à s'instruire, peut-être y a-t-il là un piège pour son indifférence des choses sérieuses ; s'il s'aventure à travers ces pages d'érudition séduisante, il va en savoir plus que sa paresse n'a le courage d'en apprendre, car il se pourrait bien que notre auteur s'échappât, à propos de marionnettes, jusqu'à nous parler du théâtre classique, jusqu'à nous entretenir de Sophocle et d'Euri-

(1) Membre de l'Institut, mort en 1882.

pide, de Molière et de Corneille : gare ! alors, je le répète, gare au lecteur que le vaudeville a gâté et qui tient tant à ne plus s'enquérir de ces gens-là.

Dès les premières lignes, en effet, M. Magnin trouve leurs noms sous sa plume, mais ce n'est pas sa faute, il ne voulait que nous parler des marionnettes, et s'il nous dit un mot d'Euripide, un mot de Sophocle, c'est qu'un hasard moqueur a placé je ne sais déjà quel Guignol athénien auprès de leur théâtre, comme la parodie auprès du drame, le pantin qui grimace auprès de la Muse sévère : « Non seulement, dit M. Magnin, il y avait à Athènes, du temps de Sophocle, des théâtres de marionnettes où courait le peuple, comme il y en eut à Paris du temps de Corneille et de Molière, et à Londres du temps de Shakespeare et de Ben Johnson ; mais les Athéniens s'éprirent d'un tel engouement pour ce spectacle, surtout après la décadence de la choragie et la compression du théâtre par la faction macédonienne, que les archontes autorisèrent un habile névroplaste à produire ses acteurs de bois sur le théâtre de Bacchus. Athénée, dans son *Banquet des So-*

phistes, fait honte au peuple d'Athènes d'avoir prostitué aux poupées d'un certain Pothein la scène où naguère les acteurs d'Eripide avaient déployé leur enthousiasme tragique. » Le détail est certes curieux ; mais M. Magnin ne s'y tient pas ; il cherche quel était le théâtre de ce Pothein dont le répertoire détrônait si impudemment celui d'Euripide, et il finit par nous en expliquer tous les ressorts. Il nous dit comment un pegma, charpente à quatre pans, était dressée sur la scène, et comment on le couvrait de longues draperies du haut desquelles le maître du jeu dirigeait, sans être vu, tous les mouvements de ses comédiens.

Le *Koruthælia*, castelet ambulant des marionnettes ordinaires, n'était pas construit d'une autre manière, selon M. Magnin. C'est Platon, qu'on ne s'attendait pas, certes, à trouver en cette affaire, qui lui en fournit la preuve par un passage allégorique du VII° livre de sa *République*. Euripide, Sophocle et Platon, voilà déjà des noms bien graves cités à propos de marionnettes ; encore, n'est-ce pas tout, Xénophon leur vient bien vite en aide. M. Magnin le trouve en flagrant délit d'admiration pour les lazzis d'un *névroplaste* syracusain, qui faisait danser ses lestes figurines dans un banquet donné par le somptueux Callias : « De quoi, pauvre diable, lui crie l'un des convives, trouves-tu le plus à te réjouir ? C'est, répond le Guignol antique, de ce qu'il y a des sots dans le monde, car ce sont eux qui me font vivre en venant en foule au spectacle de mes pantins. » On sent, à cette réplique, que les marionnettes à qui notre homme prêtait sa voix avaient déjà leur franc parler ; nous touchons à Aristophane, et nous ne sommes pas loin des Atellanes du flanc desquelles Polichinelle doit s'élancer tout armé.

Il est Osque de naissance, il a déjà ce nez crochu qui lui fera donner plus tard le nom de *Pulcinella*, petit poulet ; son ventre et ses épaules se relèvent en bosses rebondies ; enfin sous le nom de *Maccus*, il a déjà tous les vices et toute la malice de la génération paillarde et bossue dont il est l'ancêtre. Il fait assaut de langue avec dame Citeria et dame Petreia, ces bavardes commères dont le nom a changé, mais dont le caquet dure toujours ; il turlupine Pappus, il baffoue Casmar, cet éternel plastron de la gaieté italienne qui vit encore sous le nom à peine modifié de Cassandre, et dont vingt siècles de tromperies et de coups de bâton n'ont pas lassé la patiente bêtise.

M. Ch. Magnin n'ose pas assurer que ces héros des Atellanes se soient faits des marionnettes, et se soient évertués par fils et par ressorts comme ils s'escrimaient si bel et si bien en chair et en os. En cela je ne partage pas son hésitation. Maccus est certainement né *Marionnette*, j'en jurerais, même si l'on ne le voyait pas depuis 1727, pantin fossile et démembré, dans la collection du musée Campana à Rome ; le Pappus aussi n'est qu'un mannequin primitif. C'est comme tel qu'il nous arriva des théâtres antiques, avec sa bouche large et lippue, et que peu à peu, s'agrandissant jusqu'à devenir un monstrueux épouvantail sous l'effort des craintes superstitieuses du moyen-âge, il se transforma en l'une de ces épouvantables machines lentement promenées dans les processions solennelles. La *Papoire*, cette rivale effrayante des Tarasques provençales et barcelonaises, n'est, selon nous, qu'un Pappus travesti en monstre, sous une appellation assez transparente pour laisser devîner tout d'abord son nom antique.

Ainsi les débris des farces païennes se perpétuaient dans nos cérémonies chrétiennes ; d'objets profanes qu'ils étaient, les pantins de l'antiquité devenaient choses pieuses et vénérées ; mais en même temps, par un échange bizarre et contraire, on voyait des images saintes prêter leur nom à des images profanes et bouffonnes Celui de la Vierge subissait le premier la métamorphose : A Venise, dès 1349, on faisait des Marie de bois, *Marie di legno*, une sorte d'idole grotesque, un symbole de la sottise bien paré et muette ; et, chez nous, du même nom de Marie on faisait *Marionnette*, par une gradation de diminutifs que M. Magnin nous explique avec son tact et son érudition ordinaires, « comme du nom latin de *Maria*, dit-il, le moyen-âge avait formé Mariola, diminutif qui des jeunes filles passa aux petites figures de la Vierge exposées à la vénération publique dans les églises et dans les carrefours ; de même, à la naissance de notre langue, nos pères ont dérivé du nom de Marie plusieurs gracieux dimitifs: Marote, Mariotte, Mariole, Mariette,

Marion, Marionnette..... Cependant, comme l'ironie se glisse partout, on ne tarda pas à détourner le sens aimable ou religieux des mots Marote, Mariotte, et Marionnette, pour leur donner un sens profond ou railleur. On fredonnait dans les rues et dans les tavernes du XV⁰ siècle un certain chant Marionnette..... On appela et on appelle encore Marotte le sceptre de fou à titre d'office, « à cause, dit Ménage, de la tête de Marionnette, c'est-à-dire de petite fille » qui le surmonte. Enfin les bateleurs forains nommèrent irrévérencieusement leurs acteurs et leurs actrices de bois *Marmouzets et Mariottes*. » De ce dernier mot à celui de *marionnette*, il n'y a qu'une nuance, une syllabe ; mais M. Magnin, toujours scrupuleux, n'a voulu la risquer que lorsqu'il en est temps. C'est seulement à la fin du XVI⁰ siècle, dans l'une des *sérées* de Guillaume Bouchet, qu'il trouve le mot avec son acception avérée et complète, et seulement alors il nous le donne, et, bien entendu, avec la citation qui l'autorise.

Pour tout ce qui concerne l'origine et pour ainsi parler la patronymie des types illustres du théâtre de Guignol,

M. Magnin a les mêmes scrupules : ainsi il se gardera bien de faire naître avant le temps la prolifique Mme Gigogne. Il ne la trouve tout enfantée et prête à enfanter elle-même qu'aux premières années du dix-septième siècle, dans je ne sais quelle farce de la foire Saint-Germain ; et il attend cette date pour nous faire son histoire complète. Pour peu qu'on l'en priât, il nous ferait aussi celle de sa génération tout innombrable qu'elle soit. Il en est de même pour Polichinelle. Il sait qu'il doit nous venir d'Italie ; il le guette au débotté, le prend tout palpitant dans le bagage des premiers comédiens transalpins, *li Gelosi*, et de là jusqu'à nos jours, il nous dresse sa chronique. Rien n'est omis, nous avons toute notée la chanson que Polichinelle chante à Rome, et dont M. Auber lui empruntera plus tard l'air pour colorer un des refrains de sa pâle *barcarole ;* nous avons la satire rimée et chantée que Polichinelle, devenu tout français, débite à la barbe des fanfarons qui nous sont arrivés d'Espagne, et dont il est si heureux de rire dans sa bosse ; bien mieux, jusqu'à l'origine de son costume castillan et picaresque, tout nous est expliqué.

Nous savons enfin pourquoi Polichinelle porte ce long feutre en pot à beurre, dont se moquait déjà Gabriel Naudé ; nous n'ignorons plus pourquoi il porte ce long nez busqué à la castillane; pourquoi ce pourpoint tout taillladé et tout rembourré ; pourquoi toutes ces paillettes, pourquoi toute cette insolence : c'est pour parodier, à l'unisson d'une satire de Régnier, un Don Pèdre ambassadeur, dont se moquait aussi une des lettres de Malherbe à Peiresc, et qui égaya de son faste ridicule la Cour et la ville vers 1609.

Cela dit, M. Magnin n'oublie pas Brioché, l'imprésario de Polichinelle au dix-septième siècle ; il veut que son lecteur ait, comme l'heureuse femme de Tartufe :

Le bal et la grand'bande, à savoir deux musettes,
Et parfois Fagotin et les marionnettes.

C'est là certainement un bien innocent spectacle qui toujours pousse au franc rire, et une fois seulement au drame, le jour où le singe de Brioché égratigna le nez gigantesque de Cyrano. Croirait-on pourtant que le fulminant Bossuet y trouva prétexte à formidables anathèmes : « Le 18 novembre 1686, l'année même de la révocation de l'édit de Nantes, dit M. Magnin, Bossuet déférait les marionnettes de son diocèse aux rigueurs de M. de Vernon, procureur du roi au présidial de Meaux. Il n'y a rien, monsieur, de plus important, lui écrivait-il, que d'empêcher les assemblées et de châtier ceux qui excitent les autres... Pendant que vous prenez tant de soin à réprimer les mal convertis, je vous prie de veiller aussi à l'édification des catholiques, et d'empêcher les marionnettes, où les représentations honteuses, les discours impurs et l'heure même des assemblées portent au mal. Il m'est bien fâcheux, pendant que je tâche à instruire le peuple le mieux que je puis, qu'on m'amène de tels ouvriers, qui en détruisent plus en un moment que je n'en puis édifier par un long travail. » Ainsi, voilà encore une bien redoutable plume mise en besogne pour les marionnettes. Pauvres frêles figures ! Bossuet les excommunie ; Platon, plus clément, les décrivait et les caressait presque avec bonhomie ; mais par bonheur, il se trouvera plus de gens de l'avis de Platon qu'il ne s'en est trouvé de l'avis de Bossuet. Que d'aimables et fins esprits, que de grands hommes par le talent, et grands enfants par la naïveté, aimeront Polichinelle et se feront les courtisans des marionnettes ! Lesage écrira pour elles dans les trop larges loisirs que lui laisseront *Gil Blas* et *Turcaret*. Fuzelier, d'Orneval, Pontau feront comme lui, et n'auront que cette gloire. Messieurs, criera le dernier, demandant l'indulgence pour les *petits comédiens* qui font toute sa fortune et toute sa renommée :

<small>S'ils n'ont pas l'honneur de vous plaire,
Epargnez-les : c'est moi, messieurs,
Qui dois porter votre colère,
J'ai fait la pièce et les acteurs.</small>

Dans le même temps, Mme Dudeffant s'en ira rire aux marionnettes de la foire Sainte-Ovide ; Mme Du Maine les fera venir chez elle à Sceaux, et Malézieux, son *factotum* littéraire, leur composera tout un répertoire burlesque et anti-académique ; Mme du Châtelet, de même, les mandera à Cirey, et Voltaire s'en amusera en Compagnie de Mme Graffigny.

En Angleterre, *Punch*, cet enfant un

peu défiguré de *Punchinello*, fera la joie de Swift, de Johnson et même de Byron ; tous l'animeront de leur verve et égayeront leur style de ses saillies. En Allemagne, Euler n'y trouvera qu'une récréation pour ses lourds travaux de philosophie : les lazzis de ce bon Polichinelle, à qui Bayle avait déjà fait sa cour ; et Haydn, bon homme comme le sont tous les gens de génie, écrira pour son répertoire cinq *opérettes*, qui s'exécuteront à Eisenstadt, à la grande joie du prince d'Esterhazi. Il assortira même, l'excellent grand homme, les instruments de son orchestre à la voix des comédiens de bois qu'il doit faire chanter ; il composera pour eux son étrange symphonie intitulée : *Fiera dei fanciulli*, dont M. Magnin raconte ainsi l'histoire, d'après Carpani : « Un jour Haydn se rendit seul à la foire d'un village des environs. Là il fit provision et rapporta un plein panier de mirlitons, de sifflets, de coucous, de tambourins, de petites trompettes, bref, tout un assortiment de ces instruments plus bruyants qu'harmonieux qui font le bonheur de l'enfance. Il prit la peine d'étudier leur timbre et leur portée, et composa, avec ces périlleux éléments harmoniques, une symphonie de l'originalité la plus bouffonne et la plus savante. » Depuis, on a repris bien des fois, notamment à propos du *Désert*, de Félicien David, cette idée de symphonie à grand renfort de mirlitons; mais c'était sans la bonhomie qu'y apportait ce bon Haydn, c'était toujours avec une arrière pensée de parodie qui détruisait la naïveté et le charme de l'amusement. C'est là le malheur. Toutes les fois que nous prenons à partie Polichinelle, sa troupe et son orchestre, c'est pour en rire. M. Magnin, lui, ramène le plus futile et le plus rieur à ce que ce type de l'éternelle comédie a d'éternellement sérieux.

CHAPITRE VII

LES NAINS ALLEMANDS

Lilliput est à Paris; trois citoyens nains de cette ville nabote sont débarqués à la salle Herz vers la fin de la semaine des étrennes, dont ils ne sont pas les joujoux les moins curieux. Ils arrivent d'Allemagne, toujours comme les joujoux, et ils ont dû venir bien empaquetés, entre deux coussins de ouate, dans une boîte de Nuremberg. Ils sont haut comme un volume de Gulliver grand format; mis au bout l'un de l'autre, ils ne font guère plus de deux mètres, et l'on dirait un tambour major coupé en trois.

Ils sont bien faits de leur petite personne, bien proportionnés, même de la tête, qui d'ordinaire est trop grosse dans ces miniatures humaines; bref ce sont de vrais hommes réduits en statuettes, comme par le procédé Collas. Ils vont, ils viennent, ils gesticulent, ils parlent, ils jouent la comédie, ils chantent même, et fort bien, l'opérette et la chansonnette. Quelque jour, ils nous exécuteront l'un ou l'autre des cinq ou six opéras miniatures, qu'Haydn fit en se jouant pour les marionnettes allemandes.

Leur voix est celle qu'aurait l'oiseau mouche, s'il chantait. Elle grince un peu comme le son de ces petits crincrins des Vosges qu'on achete cinq sous dans les baraques du boulevard, mais cela ne déplaît pas trop. On s'attend à un joujou, à un automate, et ainsi on l'a complet; avec un autre accent l'objet serait invraisemblable.

Leur taille se compte par pouces et non par pieds. M. Piccolo, qui est le plus grand des trois, mesures 34 pouces; M. Vounderlich, 31 ; M. Kiss Joszy, 30, mais ils ont chacun, par compensation, un aplomb de six pieds au moins. Si on les mettait aux prises avec quelques-uns de ces grands bêtas de géants qui ne courent pas que les foires, ils les joueraient, j'en réponds, par dessous jambe.

Ces trois petits messieurs ont une éducation de grandes personnes. Ils sourient, ils saluent avec une grâce parfaite, et il fallait voir, l'autre soir, l'aisance de M. Vounderlich, déposant son parapluie et son chapeau sur le couvercle du souffleur sans se baisser.

Ils ont écrit au public parisien, pour le convier à leur première soirée, une lettre en fort bon style, ma foi, et qui prouvait toute l'élévation de leurs sentiments. Voici quelle était la teneur de cette épître, minuscule comme ses signataires, à laquelle ne manquait rien que ce post-scriptum : « On est prié d'apporter un microscope au lieu de lorgnette. »

Monsieur,

Nous avons l'honneur de vous inviter à la soirée que nous donnerons dans la salle Herz, le jeudi 5 janvier prochain.

Le programme ci-joint vous indiquera le but et l'objet de cette réunion.

La nature nous a refusé le privilège d'égaler par notre taille les enfants des hommes, mais notre ambition est assez haute pour aller jusqu'au désir de vous plaire, et plus nous serons petits à vos yeux, plus nous grandirons-nous, peut-être, dans votre bienveillante estime.

Nous sommes avec la plus haute considération vos très humbles et très respectueux serviteurs.

VOUNDERLICH, PICCOLO, KISS JOSZY.

Comme beaucoup d'autres, nous nous sommes rendu à l'invitation, et nous n'en avons pas regret. Nous nous sommes franchement amusé à ce Théâtre-Séraphin de nouvelle espèce, où les acteurs gesticulent sans fil et parlent de leur vraie voix, sans que pour cela la *pratique* leur manque, comme me disait mon voisin, grand ami du calembour.

Les couplets de Nadaud qu'ils nous ont servi à une sauce peut-être un peu trop allemande pour ces chansons si bien françaises, nous ont été un vrai régal. M. Piccolo, grimé à ravir, a mimé et chanté comme un... gendarme de six pieds, l'excellente farce de *Pandore* et de son brigadier ; M. Kiss Joszy est arrivé aux effets du plus haut comique dans la chansonnette de Bourget : *Avez-vous entendu ma fille Paméla?* J'ai applaudi et j'ai ri du meilleur cœur, et c'était cependant pour moi un cruel souvenir. Cette farce, ainsi chantée, me rappelait une vieille portière allemande qui me fut infligée par la colère céleste.

La chanson : *Je suis enrhumé du cerveau* a été fort bien chantée, je veux dire éternuée, par M. Vounderlich, dont le nom lui-même est un éternuement.

Je ne puis, après cela, que dire à ce trio minuscule : Allez, prospérez et ne grandissez pas.— Oh ! répond M. Piccolo, il n'y a pas de danger, j'ai vingt-cinq ans ; moi de même, ajoute M. Vounderlich, et moi dix-neuf, s'écrie M. Kiss Joszy. — Ne vous y fiez pas, messieurs, et que le souvenir de Jeffery Hudson vous tienne en crainte.

A dix ans, il n'avait que dix-huit pouces, et à vingt-neuf ans pas une ligne de plus ; il n'y avait pas dans toute l'Angleterre de taille plus avantageuse : elle fit à elle seule la fortune de Jeffery. Le duc de Buckingham le prit dans sa maison, puis la reine Henriette de France se l'attacha. Comme elle était elle-même de taille assez nabote, la présence de ce nain, près d'elle, la consolait et la flattait. Pendant longtemps tout alla bien, mais la destinée est inconstante, même pour les nains : à trente ans, ce qui n'était pas arrivé à Jeffery depuis l'âge de raison lui arriva. Il grandit ! et non pas d'un, de deux, de trois, de quatre pouces ;

il grandit de moitié, le malheureux ! A trente-deux ans il avait trois pieds neuf pouces. S'il eût eu une moins bonne maîtresse, c'en était fait de lui ; c'était un nain ruiné. Henriette voulut bien ne pas lui faire un crime de ce bienfait de la nature ; elle le garda près d'elle, et après une existence dont je n'ai pas à vous compter les péripéties, car il ne grandit plus, il mourut âgé de soixante-treize ans.

Son plus bel exploit fut le combat qu'il soutint contre un dindon et dont il sortit vainqueur. Sir William Davenant en fit un poême, intitulé Jeffridos.

Toute glorieuse qu'elle soit, cette prouesse de Jeffery ne vaut pas celle du nain allemand qui tua le géant Haimons. Le nain était d'humeur mauvaise, et, pour tout dire, d'un caractère aussi mal fait que sa personne.

Dès que le géant avait paru à la cour de l'archiduc, dont il était auparavant la seule curiosité, il s'était promis d'en avoir raison. Mais comment y parvenir? de quelle façon ce pigmée pourrait-il faire à ce colosse une insulte qui lui allât même à la cheville ? Vainement se haussait-il sur ses pointes, il ne lui arrivait pas à la jarretière ! Vainement montait-il sur les hautes tables, à peine si du bout de son plumet il pouvait lui frôler la moustache ! Une idée lui vint enfin, et il choisit pour l'exécuter un jour où l'archiduc et toute sa cour se trouvaient là.

Comme le géant passait, tout enrubanné de la tête aux pieds, le nain, sans presque s'incliner, saisit un bout du large lacet de soie qui s'épanouissait en boucle sur l'un de ses souliers et le dénoua. L'autre aussitôt se baissa pour le rattacher, et le nain saisit l'occasion pour appliquer sur cette joue, enfin à sa hauteur, le soufflet le plus vigoureux qu'il put donner. Le visage du colosse en rougit à peine, mais l'archiduc et les gens de sa suite avaient tout vu, et ce furent alors des éclats de rire et des huées devant lesquelles il ne put tenir. Quand il revint, les moqueries recommencèrent ; chaque jour ce fut de même, si bien que le pauvre géant finit par en mourir de chagrin.

Pendant longtemps son immense squelette fut exposé dans une des galeries du château d'Amras, à une lieue d'Inspruck. Auprès, était en pied le portrait du nain, et quand on les mesurait du regard, on ne se doutait guère que c'était celui-ci qui avait tué celui-là.

CHAPITRE VIII

ORIGINE DU POISSON D'AVRIL ET DES
ŒUFS DE PAQUES

Le poisson d'avril, les œufs de Pâques, Longchamps ! Que de choses en une même semaine, que de vieux usages réveillés en même temps ! et c'est le premier peut-être qui les résumera tous. Si le temps devient mauvais, les promesses de Longchamps ne seront peut-être qu'un poisson d'avril ; et, d'un autre côté, les œufs de Pâques peuvent ne cacher qu'une attrape. N'importe, parlons un peu des uns et des autres, remontons à leurs origines, et si c'est possible, gardons-nous bien de dire ce que tout le monde en dit.

L'origine du poisson d'avril est la plus difficile à trouver ; beaucoup sont allés la chercher bien loin, et n'ont fait qu'une course vaine. Malgré cela, je ne m'effrayerai pas, j'irai même peut-être plus loin encore, j'irai jusque dans l'Inde. Il y existe un usage qui ressemble fort à celui dont je m'occupe, et qui, de toute antiquité, paraît avoir été commun à la plupart des peuples de l'Orient ; c'est la fête que les Hindous célèbrent à la fin de mars, et qu'ils appellent le *Huli*.

Leur année commence un des jours de cette fête ; les présents pleuvent alors partout, mais pour que la malice ait sa part, on a placé sous la même date l'époque des mystifications annuelles. C'est un peu, du reste, ce qui a lieu chez nous, puisque le *poisson d'avril* y revient en même temps que les *œufs de Pâques*, qui sont aussi de véritables étrennes. On prend à l'appât de quelque présent imaginaire tout pauvre niais qui ne sait pas se mettre en garde, et on l'envoie le chercher de maison en maison. Le *Huli*, encore une fois, est bien, comme vous le voyez, notre *poisson d'avril*.

Les Juifs, de même que tous les peuples de l'Orient, se faisaient un amusement de cet usage moqueur. L'époque en était justement arrivée, quand le Christ leur fut livré pour le supplice. Fatalité étrange, le jour que la divine agonie devait sanctifier était celui des moqueries et des mystifications ! Les Juifs voulurent que Jésus en fût le premier jouet cette année-là, et vous savez, en effet, à combien d'épreuves railleuses ils le soumirent : comment ils ceignirent son front d'une couronne sanglante ; comment ils le revêtirent d'une pourpre dérisoire ; comment enfin, après lui avoir bandé les yeux, ils le meurtrirent de coups, en lui disant, comme au jeu que les Grecs appelaient l'*Apodidraschinda* et qui n'est autre que notre *Colin-Maillard :* « Qui t'a frappé ? » Ce n'est pas tout, il fallut qu'on épuisât pour la sainte victime toutes les mystifications du *Huli*, et c'est alors qu'on le promena par tout Jérusalem, le conduisant chez Anne, le grand-prêtre, chez Caïphe, le grand sacrificateur, puis au palais d'Hérode et au prétoire de Pilate. Rien ne manquait à l'implacable dérision.

Le moyen-âge, à qui les Ecritures transmirent ce récit douloureux, en consacra d'abord le souvenir par un proverbe. A propos de tout homme qu'on fait inutilement courir de l'un à l'autre, on se mit à dire déjà, et l'on dit encore, comme vous savez : « On l'a envoyé de

Caïphe à Pilate ou bien d'Hérode à Pilate. » On ne s'en tint pas là : les *Mystères* mirent en action ce que rappelait le proverbe.

De même que dans la fête de l'*Ane* on avait voulu faire allusion à la pacifique bête que Jésus, rentrant à Jérusalem, s'était donné pour monture ; de même, dans les *Mystères*, on mit en scène les tribulations auxquelles avait été soumis le Sauveur ; et, du Théâtre, ce souvenir passa, toujours en action, dans la vie commune ; le singulier usage dont je parle et qui consiste à faire courir d'un endroit à un autre les gens dont on veut se moquer, en est venu.

On l'appela la *Passion d'avril*. Mais le peuple, comme on sait, change tout ce qu'il touche, surtout les mots qui consacrent ses usages. Du même esprit qu'il avait modifié ce dicton, pourtant si intelligible : « Il vient comme *marée en carême*, » et qu'il en avait fait celui-ci : « Il vient *comme mars*, *etc.* » il ne tarda pas à dénaturer l'appellation d'abord admise. Au lieu de *passion*, il dit *poisson d'avril*.

Les œufs de Pâques viennent d'aussi loin :

Et d'abord, je vous rappellerai que l'année commençait pour nous à Pâques, à l'équinoxe du printemps. Les œufs colorés faisaient ainsi partie des étrennes ; ils se confondaient avec tous les autres présents dont cette époque est l'occasion. Ce n'est que sous Charles IX, quand le nouvel an eut été transporté au solstice d'hiver, que la distribution des œufs resta tout à fait attachée à la Pâque et qu'on cessa d'en donner au premier janvier.

En remontant à son origine toute symbolique, on trouve, du reste, que ce présent appartient bien plutôt à cette époque printanière qu'à celle de notre nouvelle année. Ainsi, à Jérusalem, c'est lors de la fête de Pâques que les femmes plaçaient, sur une table préparée exprès, des œufs durs, symbole de l'oiseau appelé *Ziz* sur lequel les rabbins ont débité bien des contes.

En Grèce et à Rome, à l'époque des bacchanales du printemps, on offrait aussi des œufs à Bacchus, ce dieu de la fécondité, dont l'œuf est le plus évident symbole. En Perse, au dire de Corneille Le Bruyn, qui s'y trouvait en 1704, c'est aussi au 20 mars, fête du nouvel an solaire, que l'on se donne, entre autres choses, des œufs colorés ; et c'était encore ainsi à Moscou, suivant le même voyageur, qui y séjourna en 1702. Là aussi c'était au 20 mars, que l'on se distribuait des œufs colorés, sur plusieurs desquels on lisait écrit : *Christos vos chrest* (Christ est ressuscité).

Mais écoutons un peu Chardin le voyageur, au sujet du cérémonial galant dont on entoure, en Perse, l'envoi des *œufs* du printemps. Il nous dit d'abord que le jour où on échange cette sorte de présent s'appelle la fête des *Habits neufs*. Il nous explique pourquoi, nous raconte comment c'est le jour des plus vives et des plus cordiales réjouissances, et comment aussi l'envoi des œufs *peints et dorés* est pour beaucoup dans les plaisirs et les surprises de cette fête ; puis il ajoute : « Il y a de ces œufs qui coûtent jusqu'à trois ducats d'or la pièce. Le roi en donne comme cela quelque cinq cents dans son sérail, dans de beaux bassins, aux principales dames... l'œuf est couvert d'or avec quatre figures ou miniatures fort fines aux côtés. On dit que de tout temps les Persans se sont donné des œufs au nouvel an, parce que l'œuf marque le commencement des choses. »

Remarquez, comme je l'ai déjà dit, que ce nouvel an des Perses est le premier mars, et que le symbole est moins pour l'année qui commence que pour la belle saison qui arrive.

Ainsi, partout et toujours, c'est au printemps, saison luxuriante où tout se féconde et se renouvelle, c'est à l'époque de la Pâque, symbole elle-même de notre rénovation morale, que l'on se donne en présent ces œufs colorés, mystérieux emblèmes d'une fécondation et d'une renaissance universelles.

Cet usage date des vieux jours: c'est un souvenir des croyances primitives, une tradition vivace des antiques symboles créés par le génie des anciens peuples pour figurer la formation du monde.

Consultez la théogonie des Egyptiens, des Perses, des Gaulois, des Atlantes, des Grecs, des Latins : l'œuf est chez tous ces peuples un emblème sacré, qui tient à ce que leur philosophie et leur théologie a de plus respectable ; c'est l'image de l'Univers, l'œuvre de Dieu. En Egypte, le dieu *Knep*, dont le temple se trouvait dans l'île d'Eléphantine, était représenté avec un œuf sortant de la bouche, pour indiquer sa fécondité. De cet œuf était sorti le feu, l'*Ephaistos* des Grecs. Dans la Genèse, Moïse nous dit encore que *Dieu fécondant les eaux*, s'étendait sur leur surface comme la poule sur son œuf. L'œuf orphique, si fameux dans l'antiquité, était un reste de ces antiques traditions dont la source est dans l'Inde.

Là, en effet, ainsi que chez les Perses, on trouve plus que partout ailleurs cette manière symbolique de peindre l'Univers.

« Au commencement, disent les Perses, rien n'existait, excepté la divinité ; la nuit régnait sur l'espace immense où sont contenus tous les êtres ; enfin un œuf parut ; la nuit le couvrit de ses ailes ; le fils du père de toutes choses seconda ses soins ; l'œuf devint fécond, il s'ouvrit, le soleil, la lune en sortirent et s'élevèrent en haut du ciel, la terre, plus pesante, s'abaissa. »

Dans les livres indiens, la création du monde est décrite à peu près de la même manière ; et c'est encore l'œuf qui en est le symbole :

« Lorsque toutes les choses étaient encore plongées dans les ténèbres, y est-il dit, comme elles confondues et comme ensevelies dans un sommeil profond, soudain parut celui qui subsiste par lui-même, l'auteur et le principe de tous les êtres, invisible, incompréhensible. Après avoir dissipé les ténèbres, voulant tirer toutes choses de sa propre substance, il créa d'abord les eaux et il y déposa une semence féconde. Cette semence devint un œuf d'or, resplendissant à l'égal du soleil, et Brahma, le père des mondes, y prit naissance par sa propre énergie. Le dieu étant demeuré une année entière dans l'œuf divin qui flottait sur les eaux, à la fin, par sa seule pensée, il se divisa en deux parties égales. De ces deux parties, il forma le ciel et la terre, plaçant au milieu l'éther subtil, les huit régions du monde et le réceptacle permanent des eaux. »

FIN

Nevers, imp. Générale L. Gourdet.

1

Lightning Source UK Ltd.
Milton Keynes UK
UKHW050622090922
408600UK00006B/508